Talk to the Patient in Spanish

Háblele al paciente en español

GUIDE FOR ALL
MEDICAL PERSONNEL

GUIA PARA TODO
PERSONAL MEDICO

BERTA SAVARIEGO, PhD
Southern Methodist University
Dallas, Texas

V691   SOUTH-WESTERN PUBLISHING CO.

ISBN: 0-538-22691-9
Library of Congress Catalog Card Number 82-80463
1 2 3 4 5 6 7 8 9 0 D 0 9 8 7 6 5 4 3 2
Impreso en los Estados Unidos de América
(Printed in the United States of America)

For Al and Donna,
who are interested
in my work

Para Alberto y Donna,
que se interesan en mi
trabajo

On The Cover:

The trepan, a tool used by the Incas to perform brain surgery, combined the magic of the gods with the sharp edge of the knife.

En la cubierta:

El trépano, instrumento que utilizaban los incas para perforar el cráneo, mezclaba en la operación la magia del amuleto y el filo del cuchillo.

CONTENTS

CONTENIDO
PREFACIO XIII
RECONOCIMIENTO XVII
UNA GUIA DE PRONUNCIACION
PARA EL ESPAÑOL XVIII
UNA GUIA DE GRAMATICA PARA
EL ESPAÑOL XX

PART I

PRIMERA PARTE

PART II - ONCOLOGY

SEGUNDA PARTE - ONCOLOGIA

Preface

TALK TO THE PATIENT IN SPANISH is one of a series of bilingual books designed to emphasize the functional aspect of language learning and to focus on language and communication as interdisciplinary subjects.

The series includes Bilingual Business Grammar, Personal Business, Skills for the Business World, Bilingual Business Careers, Be Bilingual I and II, Bilingual Vocabulary, Skills for Bilingual Legal Personnel, Spanish-English Legal Terminology, Topics for Business English for Spanish-speaking students, Bilingual Vocabulary for the Medical Profession, and others.

The terminology used and the explanations offered deal strictly with the language of the health professions. The text is of use to members of the health care team such as physicians, nurses, therapists, technicians and dietitians, as well as to the hospital's support clerical staff, of which medical secretaries are a part. As a reference manual or as a text for the development of language skills, Talk to the Patient in Spanish can improve the student's ability to communicate in either Spanish or English in a medical environment. Since the text follows actual procedures in the most common departments in a hospital, the students can become qualified in his target language as far as his ability to communicate within his work situation.

Prefacio

HABLELE AL PACIENTE EN INGLES es parte de una serie de libros bilingües diseñados para subrayar el aspecto funcional de la enseñanza del idioma y para destacar el aspecto interdisciplinario del estudio de las lenguas y el arte de la comunicación.

La serie bilingüe incluye los siguientes textos: Gramática Comercial Bilingüe, Asuntos Personales, Conocimientos para el Mundo del Comercio, Carreras Comerciales Bilingües, Sea Bilingüe I y II, Vocabulario Bilingüe, Técnicas para el personal bilingüe en el área legal, Terminología español-inglés en el área legal, Temas para inglés comercial para estudiantes de habla hispana, Vocabulario Bilingüe para la Profesión Médica, y otros más.

El médico, el estudiante de medicina, la enfermera, el terapeuta, el técnico, la secretaria médica, y todo el personal hispano de un hospital u oficina médica, hallará en este libro una forma fácil y conveniente de familiarizarse con el vocabulario de medicina en inglés y de emplearlo eficientemente con los pacientes de habla inglesa lo mismo en el hospital que en el consultorio.

La información que se necesita puede localizarse rápidamente ya que las frases se hallan divididas entre secciones que representan los diferentes departamentos de un hospital y los procedimientos diagnósticos y terapéuticos que se emplean para atender a los pacientes.

Format

Throughout the text every effort was made to express concepts in the way that they would be best understood in either language. Instructions were stated clearly and directly. Questions were formulated to elicit responses that are brief and to the point. Many of these require only a yes-or-no answer.

One-word answers are signaled by a blank line. When more than one answer was possible, several choices were given. All the material is handled in a style that is deliberately informal and conversational.

In order to allow for regional variations, those concepts that can be expressed in more than one way in Spanish have the alternate forms listed in parentheses. For instance, "Are you pregnant?" would be translated as "¿Está Ud. en estado (embarazada, encinta, preñada)?. Parentheses are also used whenever a second meaning could be incorporated into the previous structure, such as "a la derecha (a la izquierda)" for "to the right (to the left)." In this case the parentheses would appear in both English and Spanish. Finally, an "(a)" after a word ending in an "o" indicates that by eliminating the "o" and replacing it with an "a" the feminine form is produced.

With the help of the quides for pronunciation and grammar, with the additional use of the appendices at the back of the book, and with the written effort provided for in the optional exercises, the student should be able to make out of this text an effective tool for quick and effective communication when dealing with patients and hospital personnel.

Los ejercicios opcionales que siguen a cada sección están diseñados para desarrollar la práctica escrita del idioma y familiarizar aún más al estudiante con el material.

Para el estudiante hispano, que cuenta solamente con algunos conocimientos básicos del inglés, este texto representa un instrumento que lo ayudará a desarrollar destreza en el idioma y que le permitirá comunicarse dentro del ambiente médico.

ACKNOWLEDGMENT

The pilot hospital for Part I of the book was the Coral Gables Hospital in Coral Gables, Florida. With a population of 80 percent Spanish-speaking patients, the hospital was an ideal setting to develop the program. Not only was there a need for many staff members to learn how to selectively communicate in Spanish, but there was also an explicit interest on the part of the hospital administrator, Edward Goldberg, to accomplish this goal. Using the program in the setting of intense and continuous exposure to Spanish, many people with no prior knowledge of the language had little or no difficulty in learning the needed words and phrases and in pronouncing them correctly. The rewards for these professionals were not only becoming Spanish-qualified in their area of specialization, but the additional satisfaction of being able to converse with those they could not communicate with before.

For Part II of the book, in the area of Oncology, the work of compiling the material was conducted at the Granville C. Morton Cancer Research Hospital, a Division of Wadley Institutes, in Dallas, Texas, thanks to the outstanding contribution of its nursing staff. The interest in the project at this hospital was to find a way to educate and inform the hispanic patient about the procedures and treatments for cancer. In this process, Dr. Juan Pineda, M.D. of the Antioquia Medical Association of Medellín, Colombia, provided valuable cultural insights.

RECONOCIMIENTO

El hospital modelo para la Primera Parte del libro fue el Hospital Coral Gables, en Coral Gables, en la Florida. Este hospital, que cuenta con una población hispana entre sus pacientes de un 80 por ciento, era la situación ideal para desarrollar este proyecto. No sólo que había allí la necesidad de que muchos de sus profesionales supieran comunicarse en español, sino que había también un interés explícito por parte del director del hospital, Edward Goldberg, en lograr este objetivo. Como que la instrucción tenía lugar en una situación en que el español se escuchaba constantemente, muchas personas, sin conocimiento previo del idioma, lograron aprender las palabras y frases que necesitaban para comunicarse sin que les causara mucha dificultad. Estos profesionales se habían vuelto, mediante el programa, en personal capacitado para desempeñar su trabajo en español, con el aliciente adicional que produce la satisfacción de poder conversar con individuos con quienes antes la comunicación estaba impedida por el idioma.

Para la Segunda Parte del libro, en el área de Oncología, la labor de compilación del material se realizó en el Hospital de Investigaciones de Cáncer, Granville C. Morton, en la ciudad de Dallas, en Texas, gracias a la notable contribución de su cuerpo de enfermeros y enfermeras. El interés del proyecto en este hospital radicaba en adquirir un medio de instruir y de informar al paciente hispano sobre los procedimientos y los tratamientos que se utilizan para controlar esta enfermedad. En esta etapa, el Dr. Juan Pineda, M.D. de la Asociación Médica de Antioquía, en Medellín, Colombia, proporcionó a este trabajo aclaraciones culturales de mucho valor.

A PRONUNCIATION GUIDE TO SPANISH

Vowels in Spanish have short, pure sounds that remain basically the same, regardless of their position in the word: "a" as in **papá, mamá;** "e" as in **eso, esto;** "i" as in **sí** or **mí,** "o" as in **otro,** and **no;** and "u" as in **tú** and **usted** (abbreviated as Ud.). When these vowels are part of a dipthong they are pronounced together: **miedo, bueno, viento.**

Pronounce the "c" hard before "a," "o," and "u": **casa, cosa, cuñado.** Pronounce it soft before "e," and "i": **centavo, cinco.** The same goes for the "g." It is hard in **gato, gota,** and **guante.** In **gente** and **gitano** the sound of the "g" is soft and it is the equivalent of the "j" in **joven.**

You find the "ch" sound in **chocolate,** the "ll" in **lluvia.** The trilled "r," represented by the "rr" or the initial simple "r," is produced by tapping repeatedly or trilling with the tip of the tongue the ridge above the upper teeth without moving the jaws. These are found, respectively, in **perro** and **ratón.**

The "d" and the "t" are both dental consonants in Spanish. They are produced by holding the tongue against the back of the upper front teeth. Try saying **Tomás** and **Daniel**— compare these two to their English equivalents. Note also, that in Spanish the articulation of the "d" will weaken considerably between vowels, as in **llamado,** and at the end of words, as in **verdad.**

You will also find that the "t," the "p," and the hard "c" lack the plosive quality they have in English. As you say **paciente, parto, tiempo,** and **corazón** you will find that you are blowing much less air in pronouncing the initial consonants.

The "h" is not sounded. Say "hambre" and "almohada" paying no attention to this consonant.

The "ñ" is a nasal sound. You will use it constantly in **señor, señora, señorita,** and **mañana.**

Please note that the "b" and the "v" are pronounced exactly alike. Whenever either "b" or "v" occur at the beginning of a breath group or after "n" or "m," the sound will be close to the bilabial English sound for the "b": **viejo, verano, invierno, bien, bueno.** In any other phonetic location, especially between vowels, the "b" or "v" will be much weaker, the lips will not touch completely: **yo voy, la vena, ella viene, metabolismo.**

The "x" is pronounced as an "s" before a consonant, as in **extranjero.** The "x" sound, close to a "gs," is retained before a vowel, as in **examen** or **exacto.**

The "y" will sound as a "ll" between vowels: **ayuda, yo** When **y** stands alone or as a final letter it has the same sound of the vowel "i": **y, hoy, mamey.**

Don't worry about a different sound for the "z," called zeta. In Latin America, the "z," as well as the "c" (before "e" and "i"), is pronounced exactly as the "s." They are all "s" sounds in **quítese los zapatos sucios.**

As far as accents, if you see it on the word, be sure to stress that syllable where it is found **médico, operación.** If you don't see it, then this stress is only phonetic, not orthographical: if the word ends in a consonant other than "n" or "s" then stress (phonetically) the last syllable, as in **amor, dolor,** or **español;** but if the word ends in a vowel or in "n" or "s" then stress the syllable before last, as in **enfermera, paciente, pastilla, antes.** An accent is sometimes used to differentiate semantically between words: **sí** means **yes** and **si** means **if.**

As you learn phrases, remember that Spanish is characterized by non-stop transitions between words of a breath group: **¡El día está lindo!, ¿Cómo está Ud.?**

By the way, speaking about **usted,** or its abbreviation, **Ud.,** it must be clarified that there are two pronouns for the second person singular in Spanish. **Tú** is ideal for friends, family, and coworkers. However, patients, especially those older than you are, probably expect to be addressed with **Ud.** All instructions and questions appear in this manual with **Ud.**

Don't forget that, if the physician is a woman, "la médica," may be accepted but, she will usually be addressed with the term, "doctora," in the same manner as her male counterpart is called, "doctor."

A GRAMMATICAL GUIDE TO SPANISH

1. Gender of nouns.
All nouns in Spanish have a gender: they are either masculine or feminine. Generally, if they end in and **o** they are masculine and if they end in an **a** they are feminine.

TRATAMIENTO (treatment)
MEDICINA (medicine)

2. Plural of nouns.
Nouns that end in a vowel just add and **s** for the plural.

MEDICO — MEDICOS (physician — physicians)
ENFERMERA — ENFERMERAS (nurse — nurses)

Those that end in a consonant add **es** for the plural.

PALPITACION-PALPITACIONES (palpitation-palpitations)

3. Articles
The definite articles that translate the English **the** are **el, la, los, las.**

EL BRAZO — LOS BRAZOS (The arm — the arms)
LA PIERNA — LAS PIERNAS (the leg — the legs)
The indefinite articles (**a, an**) are **un, una, unos, unas.**

UN HOMBRE — UNOS HOMBRES (a man, some men)
UNA MUJER — UNAS MUJERES (a woman, some women)

4. Contractions.
The two contractions in Spanish are formed with the definite article **el.** They are **a + el** and **de + el.**

VOY AL DENTISTA (I am going to the dentist)
VENGO DEL LABORATORIO (I am coming from the lab).

5. Adjectives
Adjectives agree with the noun they modify. Their placement is usually after the noun.

EL CUARTO LIMPIO (the clean room)
LA ROPA COMODA (the comfortable clothing)

6. Possession

To express possession use the preposition **de + noun,** or **de + article + noun.**

EL ESPOSO DE MARIA (Maria's husband)
EL LIBRO DEL MEDICO (The phsician's book)
LA INYECCION DE LA ENFERMERA (The nurse's injection)

POSSESSIVE ADJECTIVES

mi cama (my bed)
tu comida (Your food - familiar)
su almohada (your pillow — formal, his pillow, her pillow, their pillow.)
nuestro cuarto, nuestra pastilla (our room; our pill)

For parts of the body it is common to use the definite article instead of the possessive adjective.

ME DUELE LA RODILLA (my knee hurts)
DAME LA MANO (give me your hand)
Notice that **mano** is an exception: it ends in an **o** but it is a feminine noun.

7. SUBJECT PRONOUNS.

Singular:

First person (the speaker)	YO
* Second person (familiar)	TU
Second person (formal)	USTED (abbreviated as Ud.)
Third person (he, she)	EL, ELLA
	(El, the subject pronoun, not the article, carries an accent, likewise, tú, the pronoun, not the possessive adjective, needs a written accent

Plural:

First person	NOSOTROS, NOSOTRAS
** Second person	USTEDES
Third person	ELLOS, ELLAS

---

* Use **tú** only with children or close friends. Patients expect to be addressed with **Ud.**
** **Vosotros and vosotras,** for second person plural, familiar, is used in Spain. Learn to use **ustedes** well, for both formal and familiar, and you will be understood by all Spanish-speaking patients.
Note, also, that **yo** is not capitalized unless you find it at the beginning of a sentence.

8. Present tense of regular verbs.

Spanish verbs are divided into three groups: **-ar, -er, -ir.**
If you take **hablar** (to speak), **comer** (to eat), and **vivir (to live), as your model verbs for the -ar, -er,** and **-ir** conjugations respectively, you will be able to conjugate other regular verbs by just adding the same endings to the new stems. You get to the stem of the verb by removing the ending, as in **habl-ar.**

HABLAR
Yo hablo
Tú hablas
Ud., El, Ella habla
Nosotros hablamos
Ustedes hablan
Ellos, Ellas hablan

COMER
Yo como
Tú comes
Ud., El, Ella come
Nosotros comemos
Ustedes comen
Ellos, Ellas comen

VIVIR
Yo vivo
Tú vives
Ud., El, Ella vive
Nosotros vivimos
Ustedes viven
Ellos, Ellas viven

Other regular verbs are descansar (to rest), temer (to fear), and partir (to leave).

YO DESCANSO BIEN AQUI (I rest well here)
YO TEMO LA OPERACION (I fear the surgery)
YO PARTO PARA NUEVA YORK (I am leaving for New York)

Because the person is already conveyed in the verb form, subject pronouns don't need to be expressed unless used for reinforcement or clarification. So, when we say, HABLO MUY POCO ESPAÑOL, we are in fact saying, I speak very little Spanish.

9. Irregular verbs.

The following verbs have irregular conjugations. You will find that you will need to use them often in daily conversation.

SER	ESTAR
Yo soy	Yo estoy
Tú eres	Tú estás
Ud., El, Ella es	Ud., El, Ella está
Nosotros somos	Nosotros estamos
Ustedes son	Ustedes están
Ellos, Ellas son	Ellos, Ellas están

SER and ESTAR are both translated by the verb **to be.** They are not interchangeable. SER is used to identify or characterize a subject, it answers to **who** or **what;** ESTAR is used to refer to a condition or location, it answers to **where** or **how.**

YO SOY ENFERMERO (I am a nurse)
EL SEÑOR MARTINEZ ES MEJICANO (Mr. Martínez is Mexican)
EL PACIENTE ESTA AQUI (The patient is here)
SU ESPOSO TIENE FIEBRE (Your husband has a temperature)

TENER means to have. It is also used in several idiomatic expressions of everyday use. In these expressions the meaning of TENER changes.

TENGO HAMBRE	(I'm hungry)
TENGO FRIO	(I'm cold)
TENGO CALOR	(I'm too warm)
TENGO SED	(I'm thirsty)
TENGO SUEÑO	(I'm sleepy)
TENGO PRISA	(I'm in a hurry)
TENGO RAZON	(I'm right)
NO TENGO RAZON	(I'm wrong)

TENER
Yo tengo
Tú tienes
Ud., El, Ella tiene
Nosotros tenemos
Ustedes tienen
Ellos, Ellas tienen

The verb IR is so irregular, its forms do not look at all like the infinite. It means **to go.** VENIR means **to come.** DAR is translated by **to give**.

IR
Yo voy
Tú vas
Ud., El, Ella va
Nosotros vamos
Ustedes van
Ellos, Ellas van

DAR
Yo doy
Tú das
Ud., El, Ella da
Nosotros damos
Ustedes dan
Ellos dan

VENIR
Yo vengo
Tú tienes
Ud., El, Ella viene
Nosotros venimos
Ustedes vienen
Ellos vienen

VOY AL MEDICO   (I am going to the doctor)
VENGO DEL DENTISTA   (I am coming from the dentist)
DOY LA MEDICINA   (I give the medicine)

10. Verbs that are irregular in first person singular only.

A group of verbs are irregular only in first person singular. Notice the verb forms in the following dialogues:

¿Conoce Ud. a Juana Martínez? (Do you know Juana Martínez?)
Si, yo conozco a esa señora. Yes, I know that lady).

¿Sabe Ud. dónde está ahora? (Do you know where you are now?)
Sí, yo sé dónde estoy. Yes, I know where I am at).

CONOCER and SABER both mean **to know** in English. CONOCER is used for knowing people or places, as in being acquainted with a person or being familiar with a city. SABER is used for knowing a fact, to know something by heart or to know how to do something.

Here are other verbs in this category which you will need.

¿Hace Ud. el ejercicio? (Do you do the exercise?)
Sí, hago el ejercicio. (Yes, I do the exercise).

¿Trae Ud. la comida? (Do you bring the food?)
Sí, traigo la comida. (Yes, I bring the food).

¿Ve Ud. bien? (Do you see well?)
No, no veo nada. (No, I don't see at all).

Pone Ud. el agua siempre sobre Do you always put the water on
la mesa? the table?)
No, no la pongo allí nunca. No, I never put it there).

By the way, notice that in Spanish we may combine several negatives together. You can say, NO HAGO NUNCA NADA for I never do anything or NO VOY NUNCA A NINGUN MEDICO for I never go to any doctor. The result is emphasis.

Other verbs in this group are CAER (to fall), yo caigo; SALIR (to go out), yo salgo; REDUCIR (to reduce), yo reduzco, HACER (to do, make), yo hago.

11. Stem-changing verbs.

Some verbs suffer changes in the stem. Among these are a few you many need to use: CERRAR (to close), RECORDAR (to remember), PODER (to be able to), PERDER (to lose), PEDIR (to ask for), SENTIR (to feel).

CERRAR
Yo cierro
Tú cierras
Ud., El, Ella cierra
Nosotros cerramos
Ustedes cierran
Ellos, Ellas cierran

RECORDAR
Yo recuerdo
Tú recuerdas
Ud., El, Ella recuerda
Nosotros recordamos
Ustedes recuerdan
Ellos, Ellas recuerdan

YO CIERRO EL PUÑO   (I close my fist)
YO RECUERDO EL PROBLEMA   (I remember the problem)

PODER
Yo puedo
Tú puedes
Ud., El, Ella puede
Nosotros podemos
Ustedes pueden
Ellos, Ellas pueden

PERDER
Yo pierdo
Tú pierdes
Ud., El, Ella pierde
Nosotros perdemos
Ustedes pierden
Ellos, Ellas pierden

NO PUEDO DORMIR   (I can't sleep)
¿PIERDE UD. SANGRE?   (Are you losing blood?)

PEDIR
Yo pido
Tú pides
Ud., El, Ella pide
Nosotros pedimos
Ustedes piden
Ellos, Ellas piden

SENTIR
Yo siento
Tú sientes
Ud., El, Ella siente
Nosotros sentimos
Ustedes sienten
Ellos, Ellas sienten

UD. PIDE LA PASTILLA   (You are asking for the pill)
UD. SIENTE MUCHO DOLOR   (You are in a lot of pain)

12. **Reflexive verbs**

Reflexive verbs are those in which the subject does the action to himself. They take a reflexive pronoun. Notice the position of these pronouns in the following dialogues.

LEVANTARSE (to get up)

¿SE LEVANTA UD. TEMPRANO? (Do you get up early?)
SI, ME LEVANTO TEMPRANO   (Yes, I get up early)

ACOSTARSE (to go to bed, to lie down)

¿SE ACUESTA UD. A DORMIR SIEMPRE A LA MISMA HORA?	Do you always go to bed at the same time?
NO, NO ME ACUESTO SIEMPRE A LA MISMA HORA	No, I don't always go to bed at the same time.

LLAMARSE (to be named)

¿COMO SE LLAMA UD.?   (What is your name?)
ME LLAMO MARIA PEREZ   (My name is María...)

Note:
ENFERMAR means to make sick: ENFERMARSE means to get sick.

13. **Commands.**

Here is a list of commands you will need when you speak to your patients. Notice that some take a reflexive pronoun because they are reflexive verbs.

PARESE	(Stand up)
SIENTESE	(Sit down)
SIGAME	(Follow me)
VENGA	(Come)
APRIETE	(Press)
SUELTE	(Let go)
VIRESE (VOLTEESE)	(Turn around)
PONGASE	(Put on)
DESVISTASE	(Take off your clothing)
ACUESTESE	(Lie down)
QUITESE	(Take off)
VAYA	(Go)
VAYASE	(Go away)

14. **Object pronouns.**
The following expressions contain object pronouns:

LO VEO	(I see you, or I see him)
LA TRAIGO	(I bring it or I bring her)
LE DOY LA MEDICINA	(I give him, her, or you the medicine)
LES ENSEÑO LOS EJERCICIOS	(I teach them, you, the exercises)

15. **Hace... que** and **Acabo de...**
These are two constructions you will need.

HACE DOS HORAS **QUE** ESTA INCONSCIENTE
(He has been unconscious for two hours)

ACABO DE DARLE LA MEDICINA
(I just gave him the medicine)

16. **The preterite and the Imperfect:** two simple tenses when speaking in the past.

The Preterite is used to refer to an action viewed as one unit or one repeated a specific number of times.

TOME LA MEDICINA AYER
VIVI EN HOUSTON TRES AÑOS
HABLE CON LA ENFERMERA DOS VECES

The Imperfect is used for a habitual action, for what one used to do or would do over a period of time in the past. It is also used to describe, especially a condition.

HABLABA ESPAÑOL CUANDO ERA NIÑA
IBA AL MEDICO TODOS LOS AÑOS
TENIA DOLOR DE CABEZA

Here are two irregular verbs in the Preterite and the Imperfect.

Preterite   **Imperfect**

SER and IR	SER	IR
Yo fui	Yo era	Yo iba
Tú fuiste	Tú eras	Tú ibas
Ud., El, Ella fue	Ud., El, Ella era	Ud., El, Ella iba
Nosotros fuimos	Nosotros éramos	Nosotros íbamos
Ustedes fueron	Ustedes eran	Ustedes iban
Ellos, Ellas fueron	Ellos, Ellas eran	Ellos iban

YO FUI A LA CITA   (I went to the appointment)
USTEDES ERAN AMIGOS   (You used to be friends)
ELLOS IBAN TODOS LOS DIAS   (They used to go everyday)

17. Irregular preterites that follow a pattern.

Some irregular preterites, such as ESTAR or TENER, follow a pattern.

ESTAR	TENER
Yo estuve	Yo tuve
Tú estuviste	Tú tuviste
Ud., El, Ella estuvo	Ud., El, Ella tuvo
Nosotros estuvimos	Nosotros tuvimos
Ustedes estuvieron	Ustedes tuvieron
Ellos, Ellas estuvieron	Ellos, Ellas tuvieron

PODER	SABER
Yo pude	Yo supe
Tú pudiste	Tú supiste
Ud., El, Ella pudo	Ud., El, Ella supo
Nosotros pudimos	Nosotros supimos
Ustedes pudieron	Ustedes supieron
Ellos, Ellas pudieron	Ellos, Ellas supieron

18. The model verbs, HABLAR, COMER, VIVIR, in the Preterite and the Imperfect.

Preterite   **Imperfect**

HABLAR
Yo hablé   Yo hablaba
Tú hablaste   Tú hablabas
Ud., El, Ella habló   Ud., El, Ella hablaba
Nosotros hablamos   Nosotros hablábamos
Ustedes hablaron   Ustedes hablaban
Ellos, Ellas hablaron   Ellos, Ellas hablaban

COMER
Yo comí   Yo comía
Tú comiste   Tú comías
Ud., El, Ella comió   Ud., El, Ella comía
Nosotros comimos   Nosotros comíamos
Ustedes comieron   Ustedes comían
Ellos, Ellas comieron   Ellos, Ellas comían

VIVIR
Yo viví   Yo vivía
Tú viviste   Tú vivías
Ud., El, Ella vivió   Ud., El, Ella vivía
Nosotros vivimos   Nosotros vivíamos
Ustedes vivieron   Ustedes vivían
Ellos, Ellas vivieron   Ellos, Ellas vivían

¿A QUE HORA COMIO UD.?
    COMI A LAS SEIS.
¿CADA CUANTAS HORAS COMIA UD.?
    COMIA CADA CINCO HORAS.

When you compare the preterite to the imperfect, you will find that it is the imperfect that emphasizes time and duration of an action: VIVIA EN MEXICO CUANDO ME ENFERME.

19. Present Perfect.

Use the present perfect for completed actions.

¿HA TOMADO USTED LA MEDICINA?
     SI, HE TOMADO LA MEDICINA

The Present Perfect is formed with the auxiliary verb

HABER + a past participle.
HABER
Yo he
Tu has
Ud., El, Ella ha
Nosotros hemos
Ustedes han
Ellos, Ellas han

Past participle of -ar verbs: add -ado to stem, as in **hablado, tomado, descansado.** For -er and -ir verbs add -ido to stem: **entendido, comido, salido, temido.**

¿HA ENTENDIDO UD. MIS INSTRUCCIONES?
     SI, HE ENTENDIDO SUS INSTRUCCIONES

(Have you understood my instructions?)
     (Yes, I have understood your instructions).

20. **Some Demonstratives**
Notice that these demonstrative agree with the noun.

ESTE TECNICO	(This technician)
ESTA TRABAJADORA SOCIAL	(This social worker)
ESTAS ENFERMERAS	(These nurses (fem.))
ESTOS TERAPEUTAS	(These therapists)
ESE CUARTO	(That room)
ESA ALMOHADA	(That pillow)
ESOS BOTONES	(Those buttons)
ESAS CUÑAS	(Those bed pans)

XXXIV

PART I

AMBULANCE—TO THE FAMILY

Where is the patient located?
   Living room—lying on a couch
   Bedroom—in bed
Is the patient under doctor's care?_____
Has the doctor been notified?_____
Is the patient under medication? _____
Where is the patient going to go? _____

OPTIONAL EXERCISES

What questions could you ask about a patient who needs to be transported in an ambulance?

_____

_____

_____

_____

Write a report stating when the patient was picked up by the ambulance, the condition in which the patient was found, the time of arrival at the hospital, and the diagnosis.

_____

_____

_____

_____

PRIMERA PARTE

AMBULANCIA—A LA FAMILIA

¿Dónde está el paciente?
   En la sala—acostado en un sofá
   En el cuarto—acostado en la cama
¿El paciente tiene un médico que lo atiende? _____
¿Han avisado al médico? _____
¿Ha tomado alguna medicina? _____
¿Adónde va el paciente? _____

EJERCICIOS OPCIONALES
¿Qué preguntas le haría Ud. a un(una) paciente que necesita ser transportado(a) en una ambulancia?

_____

_____

_____

Escriba un informe declarando la hora en que fue recogido el(la) paciente, la condición en que estaba, la hora de llegada al hospital, y el dictamen médico.

_____

_____

_____

_____

EMERGENCY ROOM—GENERAL INFORMATION

Speak slowly. Answer the questions.

What is your name? _____

How old are you? _____

Where do you live? _____

Do you have a doctor? Who is he? _____

Are you allergic to any medicine? _____

At what time did you eat last? _____

What medications are you now taking? _____

When was your last tetanus shot? _____

(If female) When was your last menstrual period? _____

Is there possibility you may be pregnant? _____

Do you have insurance? _____

Do you have your insurance card with you? _____

OPTIONAL EXERCISES

What are some of the questions you would ask a patient at the Emergency Room before treatment?

_____

_____

_____

Write a report describing the condition of patients who were brought in by ambulance or otherwise transported to the Emergency Room, during a regular night shift. State in your report how many of those patients were sent home that night after treatment and how many were admitted to the hospital.

_____

_____

_____

_____

_____

_____

_____

_____

SALON DE EMERGENCIA—INFORMACION GENERAL

Hable despacio. Conteste a las preguntas.

¿Cómo se llama Ud.? _____

¿Cuántos años tiene? _____

¿Dónde vive? _____

¿Tiene Ud. un médico? ¿Quién es? _____

¿Es Ud. alérgico a alguna medicina? _____

¿A qué hora comió? _____

¿Qué medicinas toma Ud.? _____

¿Cuándo fue su última vacuna contra el tétano? _____

(A una mujer) ¿Cuándo fue su última menstruación?_____

Hay posibilidad de que Ud. pueda estar en estado (embarazada, preñada, encinta)? _____

Tiene Ud. seguro?_____

Trae Ud. su tarjeta del seguro? _____

EJERCICIOS OPCIONALES

¿Cuáles son algunas de las preguntas que Ud. le haría a un (una) paciente en Emergencia antes de que se le dé tratamiento?

_____

_____

_____

Escriba un reporte describiendo el estado de los pacientes que fueron traídos en ambulancia o transportados de alguna otra forma al Salón de Emergencia durante la noche. Declare en su reporte cuántos de esos pacientes fueron enviados a su casa esa misma noche y cuántos fueron ingresados en el hospital.

_____

_____

_____

_____

_____

_____

EMERGENCY ROOM—CARDIAC-ABDOMINAL PAINS

Where does it hurt? _____

When did the pain start?_____

What kind of pain is it? _____
    Sharp
    Sharp-shooting
    Dull
    Pressure
    Burning
    Squeezing
    Throbbing

Is it a constant pain?_____

Does the pain extend anywhere or is it localized?_____

Do you feel that the pain radiates to
    your right arm?
    your left arm?
    both of your arms?
    your neck?
    your jaw?
    your shoulder?
    your back?

Have you had this pain before? _____

Are you having palpitations? _____

Have you had palpitations before?_____

Have you ever had a heart attack? _____

Have you had dizziness?
    nausea?
    fever?
    vomiting?
    shortness of breath?
    diarrhea? How often?_____
    constipation?

Have you had problems with
    diabetes?
    high blood pressure?
    kidneys?

SALON DE EMERGENCIAS—DOLORES ABDOMINALES O CARDIACOS

¿Dónde le duele? _____

¿Cuándo comenzó el dolor? _____

¿Qué clase de dolor es? _____

   Agudo (Cuchillo)
   Fulgurante
   Sordo (Que no es punzante)
   Presión
   Que quema
   Que aprieta
   Pulsativo (Que golpea)

¿Es un dolor constante?_____

¿Es un dolor que se extiende a alguna parte o está localizado?_

¿Siente que el dolor se refleja a
   el brazo derecho?
   el brazo izquierdo
   los dos brazos
   el cuello?
   la mandíbula?
   el hombro?
   la espalda?

¿Ha tenido Ud. este dolor antes? _____

¿Tiene palpitaciones fuertes?_____

¿Ha tenido palpitaciones fuertes antes? _____

¿Ha tenido alguna vez un ataque al corazón?_____

¿Ha tenido Ud. mareos?
   náuseas?
   fiebre?
   vómito?
   falta de aire?
   diarrea? ¿Cada cuánto tiempo? _____
   constipación?

¿Ha tenido Ud. problemas de
   diabetes?
   presión alta
   los riñones?

I am going to give you a shot to help your pain (vomiting, nausea).

I am going to give you an I.V.

I am going to give you a pill.

I need a urine specimen.

Breathe deeply.

Breathe slowly.

Open your mouth.

Close your mouth.

Turn to the right (to the left).

Calm down. Don't worry.

Take off your clothes.

OPTIONAL EXERCISES

What questions would you ask a patient at the Emergency Room to help him (her) identify the type of pain he (she) feels?

_____

_____

_____

_____

_____

_____

_____

Write your own set of definitions for pain to help patients describe what they feel.

_____

_____

_____

_____

_____

_____

_____

_____

_____

_____

Voy a ponerle una inyección para aliviarle el dolor (los vómitos, las náuseas).

Voy a ponerle un suero.

Voy a darle una pastilla.

Necesito una muestra de orina.

Respire profundo.

Respire despacio.

Abra la boca.

Cierre la boca.

Vírese (voltéese, dese vuelta) a la derecha (a la izquierda).

Cálmese. No se preocupe. Esté tranquilo(a).

Quítese la ropa.

EJERCICIOS OPCIONALES

¿Qué preguntas le haría Ud. a un(una) paciente en el Salón de Emergencia para ayudarlo(a) a identificar el tipo de dolor que tiene?

_____

_____

_____

_____

_____

_____

_____

Escriba una lista de definiciones de los diferentes tipos de dolor que pueda ayudar a los pacientes a describir lo que ellos sienten.

_____

_____

_____

_____

_____

_____

_____

_____

_____

_____

EMERGENCY ROOM—ACCIDENTS

Show me where you feel the pain.

Did you lose consciousness? _____

(If loss of memory is suspected)
Where are you?_____

What time is it? _____

What day is today? _____

Who is the president of this country? _____

Follow my finger with your eyes.

We are taking you to Radiology for an X-Ray.

(To the family) Please, wait outside.

When did the accident occur? _____

Where was it?_____

OPTIONAL EXERCISES

What are some of the questions you would ask the patient and his
(her) family in case of an accident?

_____

_____

_____

_____

_____

Prepare a form with blanks to be filled out by patient or
accompanying relative or friend inquiring about details of the
accident. There should be a space for the time at which accident
occurred, the way in which it happened, whether the patient lost
consciousness, and if so, for how long, and how much the patient
remembers about it.

_____

_____

_____

_____

_____

SALON DE EMERGENCIAS—ACCIDENTES

Muéstreme dónde siente el dolor.

¿Perdió el conocimiento? _____

(Si se sospecha pérdida de la memoria)
Dónde está Ud.? _____

¿Qué hora es? _____

¿Qué día es hoy? _____

¿Quién es el presidente del país? _____

Siga mi dedo con sus ojos.

Lo vamos a llevar a Rayos X (equis) para hacerle una placa.

(A los familiares) Por favor, esperen afuera.

¿Cuándo ocurrió el accidente? _____

¿Dónde fue? _____

EJERCICIOS OPCIONALES

¿Qué preguntas le haría Ud. a un(una) paciente o a sus familiares
en caso de accidente?

_____

_____

_____

_____

_____

_____

Prepare Ud. un formulario para que lo llene el(la) paciente o un
familiar o amigo que lo(a) acompañe en donde se pidan los
detalles del accidente. Debe incluir preguntas sobre la hora en
que ocurrió el accidente, sobre cómo pasó, si el(la) paciente
perdió el conocimiento y por cuánto tiempo, y cuánto recuerda
el(la) paciente de lo ocurrido.

_____

_____

_____

_____

_____

_____

ADMISSIONS—GENERAL INFORMATION

What is your name?

First _____

Last _____

What is your age? _____

What is your date of birth? _____

What is your religious preference?
   Catholic
   Protestant
   Jewish
   Other _____

Do you belong to a specific church or temple? _____

Male or female? _____

What is your marital status?
   Single
   Married
   Divorced
   Separated
   Widow (Widower)

What is your address? _____

Is it a home or an apartment? _____

What is your telephone number? _____

What is your primary language? _____

What was your place of birth? _____

Who is your next of kin? _____

What is this person's relationship to you? _____

What is this person's address and telephone number? _____

Where do you work? _____

What is the address and telephone number of your place of
work? _____

What is your position there? _____

What is your husband's (wife's) place of work? _____

What is the address and telephone number? _____

You should have no valuables in the room with you.

The hospital is not responsible for lost items.

It is recommended that you have no more than $5.00 with you.

ADMISION (INGRESO)—INFORMACION GENERAL

¿Cómo se llama Ud.?

Nombre _____

Apellido _____

¿Cuántos años tiene Ud.? _____

¿Cuál es su fecha de nacimiento? _____

¿A qué religión pertenece Ud.?
Católica
Protestante
Hebrea
Otra _____

¿Es Ud. miembro de una iglesia o templo en particular? _____

¿Hombre o mujer? _____

¿Cuál es su estado civil? _____
Soltero(a)
Casado(a)
Divorciado(a)
Separado(a)
Viudo(a)

¿Cuál es su dirección? _____

¿Es casa o apartamento? _____

¿Cuál es su número de teléfono? _____

¿Cuál es su idioma nativo? _____

¿Dónde nació? _____

¿Quién es su pariente más cercano? _____

¿Cómo está Ud. relacionado con esa persona? _____

¿Cuál es la dirección y teléfono de este pariente suyo? _____

¿Dónde trabaja Ud.? _____

¿Cuál es la dirección y teléfono del lugar donde Ud. trabaja? __

_____

¿Cuál es su trabajo allí? _____

¿Dónde trabaja su esposo(a)? _____

¿Cuál es la dirección y número de teléfono? _____

No debe tener nada de valor con Ud.

El hospital no se reponsabiliza por objetos perdidos.

Se recomienda que Ud. no tenga más de que $5.00 dólares con Ud.

What kind of room would you like?
  Private
  Semi-private
Before you are taken to your room,
  we will need a urine specimen
  you will have a blood test
  you will have an X-Ray
  you will have an EKG
Wait a moment.
The room is not ready.
Come with me to the lab.
We have to draw some blood for testing.
  Make a fist.
  Bend your arm and wait a few minutes in this position.

OPTIONAL EXERCISES

How do you ask for the name, date of birth, and marital status?

_____

_____

_____

Write an admission sheet for a hospital.

_____

_____

_____

Write a series of instructions to be given out to new patients concerning the tests during admission.

_____

_____

_____

_____

_____

_____

_____

_____

_____

¿Qué tipo de cuarto desea Ud.?
  Privado (particular)
  Semi-privado (para dos personas)

Antes de llevarlo a su cuarto,
  se necesitará una muestra de orina
  se le hará un examen de sangre
  se le hará un electrocardiograma
Espere un momento
El cuarto no está listo
Venga conmigo al laboratorio
Tenemos que sacarle sangre para un prueba
  Cierre el puño
  Doble el brazo y manténgalo así por unos minutos.

EJERCICIOS OPCIONALES

¿Cómo averigua Ud. el nombre, la fecha de nacimiento, y el estado civil de un(una) paciente?

_____

_____

_____

Escriba una planilla de ingreso para un hospital.

_____

_____

_____

Escriba una serie de instrucciones que puedan distribuirse a los pacientes nuevos en relación a las pruebas que hay que hacerles al ser admitidos.

_____

_____

_____

_____

_____

_____

_____

_____

_____

_____

ADMISSIONS—INSURANCE INFORMATION

Please tell me the name of your hospital insurance company ___

Is it group insurance? _____

Is there a number on your insurance card? _____

In whose name is the policy? _____

The Patients' Accounts Department will verify all this information.

You will need to sign a consent allowing us to claim charges to your insurance company.

We need your consent to claim charges for specialized services performed by the following physicians (as needed):
Anesthesiologist
Pathologist
Radiologist
Consulting physician

You understand that you are responsible for charges other than those covered by your insurance company?

OPTIONAL EXERCISES

Write a model letter explaining to patients your hospital's policies with respect to payment and insurance coverage.

_____

_____

_____

_____

_____

_____

_____

_____

_____

_____

_____

_____

_____

_____

_____

_____

_____

ADMISION (INGRESO)—INFORMACION SOBRE EL SEGURO

Por favor, dígame el nombre de su compañía de seguros de hospital._____

¿Es seguro de grupo? _____

¿Hay un número en su tarjeta de seguro? _____

¿A nombre de quién está la póliza?_____

El departamento a cargo de las cuentas de los pacientes verificará toda esta información.

Ud. tendrá que firmar una autorización que nos permita reclamar cargos a su compañía de seguros.

Necesitamos su autorización para reclamaciones por servicios especializados ordenados por su médico:
  Anestesiólogo
  Patólogo
  Radiólogo
  Médico asesor

¿Ud. comprende que Ud. es el responsable de hacer los pagos que su compañía de seguros no cubra?

EJERCICIOS OPCIONALES

Escriba una carta modelo explicando a los pacientes cuáles son las reglas en su hospital con respecto a los pagos y a la cobertura de los seguros.

_____
_____
_____
_____
_____
_____
_____
_____
_____
_____
_____
_____
_____
_____

PHYSICIAN—ROUTINE QUESTIONING UPON ADMISSION TO FLOOR

Have you ever been hospitalized here before? _____

Have you been hospitalized anywhere before? _____

Have you ever had any operations? _____

Are you taking any medications now? _____

Are you allergic to any medicine? _____

Do you have circulation problems? _____

Do your feet swell? _____

Are your bowels regular? _____

Did you have a bowel movement today? _____

Are your parents living? _____

Do your parents have any major health problems? _____

How many children do you have? _____

Is your wife (husband) taking care of your children while you're in the hospital? _____

(If female) When was your last menstruation? _____

(If female) Do you have a Pap Test once a year? _____

I will check you now. _____

Breathe deeply. Hold your breath. Relax.

Why were you admitted to the hospital?

   I don't know.

   I'm in pain.

   The doctor ordered it.

   An operation.

   A check-up

   Other

OPTIONAL EXERCISES

What are some of the questions a physician would ask a patient who has just been admitted?

_____

_____

_____

MEDICO—PREGUNTAS DE RUTINA AL SER INGRESADO

Lo(a) han hospitalizado a Ud. aquí antes? _____

¿Lo(a) han hospitalizado en algún lugar antes?_____

¿Ha tenido alguna operación antes? _____

¿Está Ud. tomando alguna medicina ahora?_____

¿Es Ud. alérgico(a) a alguna medicina? _____

¿Tiene Ud. problemas de circulación de la sangre?_____

¿Se le hinchan los pies?_____

¿Sus evacuaciones son normales? (¿Hace Ud. caca todos los días?) _____

¿Tuvo Ud. una evacuación hoy? (¿Hizo Ud. caca hoy?) _____

¿Están vivos sus padres?_____

¿Tienen problemas graves de salud sus padres? _____

¿Cuántos hijos tiene Ud.?_____

¿Su esposa (esposo) se está encargando de los niños mientras Ud. está en el hospital?_____

(A una mujer) ¿Cuándo fue su última menstruación?_____

(A una mujer) ¿A Ud. le hacen el examen de Papanicolaou una vez al año?_____

Voy a reconocerlo(a) ahora.

Respire profundo. Aguante la respiración. Descanse.

¿Por qué ha sido Ud. ingresado(a)? _____

  No sé.

  Tengo dolor.

  El médico lo ordenó.

  Una operación.

  Un chequeo.

  Otra razón.

EJERCICIOS OPCIONALES

¿Cuáles son algunas de las preguntas que le haría un médico a un (una) paciente recién ingresado(a)?

_____

_____

_____

Write your own list of questions pertinent to the physician's first visit to a patient in the hospital.

_____

_____

_____

_____

_____

_____

_____

_____

_____

_____

_____

_____

_____

Escriba su propia lista de preguntas referentes a la primera visita del médico al paciente en el hospital.

_____

_____

_____

_____

_____

_____

_____

_____

_____

_____

_____

_____

_____

NURSE—ADMITTING PATIENT TO FLOOR

How did you get to the room?
   Walking
   In a wheelchair
   On a stretcher

What's your name? _____

How old are you? _____

How much do you weigh? _____

How tall are you? _____

Who is your doctor? _____

Where does it hurt? _____

Are you allergic to
   foods?
   drugs?
   other things?

Have you ever taken penicillin? _____

What medicines do you take? _____

Did you bring them? _____

Are you on a special diet at home? _____

Do you have sleeping problems? _____

Do you take medicine in order to sleep? _____

Do you have false teeth? _____

Upper or lower? _____

Do you wear glasses? _____

Do you use a hearing aid? _____

How do you feel about being here?
   Nervous?
   Frightened?
   Worried?

Do you have any scars? _____

Do you have any belongings with you? _____

Give all your valuables to your family to take home.

We need a urine specimen.

Please undress and put on the hospital gown. _____

This is the light to call the nurse. _____

This is the button to turn on the T.V. _____

ENFERMERA—ADMITIENDO AL PACIENTE AL PISO

¿Cómo llegó al cuarto?
   Caminando
   En silla de ruedas
   En camilla

¿Cómo se llama Ud.? _____

¿Cuántos años tiene Ud.? _____

¿Cuánto pesa Ud.? _____

¿Cuánto mide Ud.? _____

¿Quién es su médico? _____

¿Dónde le duele? _____

¿Es Ud. alérgico(a) a
   algunas comidas?
   drogas?
   alguna otra cosa?

¿Le han dado a Ud. penicilina alguna vez? _____

¿Qué medicinas toma Ud.? _____

¿Las trajo? _____

¿Lleva Ud. una dieta especial en la casa? _____

¿Le cuesta trabajo dormir? _____

¿Toma Ud. medicinas para poder dormir? _____

¿Tiene Ud. dientes postizos? _____

¿Arriba o abajo? _____

¿Usa Ud. espejuelos (lentes, gafas)? _____

¿Usa Ud. aparatos para oír? _____

¿Qué tal se siente Ud. en este momento?
   Nervioso(a)?
   Asustado(a)
   Preocupado(a)?

¿Tiene Ud. cicatrices? _____

¿Tiene algunas pertenencias con Ud.? _____

Mande a su casa, con sus familiares, cualquier objeto de valor.

Necesitamos una muestra de orina.

Por favor desvístase y póngase la bata del hospital. _____

Esta es la luz para llamar a la enfermera. _____

Este es el botón para encender el televisor. _____

This is the thermostat to regulate the temperature of the room.

This is the way to raise the head of the bed._____

You must stay in bed. _____

You may walk around the room. _____

Here's the bathroom._____

When you cough, spit here._____

Please don't spit on the floor. _____

What color is your urine?
   Yellow
   With blood
   Without blood
   With clots

You will feel a burning sensation when you urinate. _____

You will not be able to hold much urine in your bladder. _____

Don't worry if you wet the bed._____

Are my instructions clear to you?_____

If you need anything let us know. _____

I will bring breakfast (lunch, dinner)
   now.
   in a little while.
   later on.

OPTIONAL EXERCISES

If you were a nurse, what instructions would you give a patient
when admitting him or her to the floor?

_____

_____

_____

_____

_____

Write your own list of instructions for newly-admitted patients.
Make them feel comfortable and at the same time make them
understand that there are rules they must follow.

_____

_____

_____

Este es el termostato para controlar la temperatura del cuarto. _

Esta es la forma de levantar la cabecera de la cama. _____

Tiene que quedarse en cama. _____

Puede caminar en su cuarto_____

Aquí está el baño._____

Cuando tosa, escupa aquí. _____

No escupa en el piso, por favor._____

¿De qué color es su orina?
   Amarilla
   Con sangre
   Sin sangre
   Con coágulos

Va a sentir quemazón cuando orine._____

No va a poder aguantar mucha cantidad de orina en la vejiga._

No se preocupe si moja la cama. _____

¿Ha comprendido Ud. bien mis instrucciones?_____

Si necesita algo, avísenos. _____

Voy a traer el desayuno (almuerzo, comida)
   ahora.
   en un rato.
   más tarde.

EJERCICIOS OPCIONALES

Si Ud. fuera enfermera(o), qué instrucciones le daría Ud. al (a la) paciente al ingresarlo(a) al piso?

_____

_____

_____

_____

Escriba su propia lista de instrucciones para pacientes recién admitidos. Hágalos sentirse cómodos, y a la vez, hágales entender que hay reglas en el hospital que ellos tienen que seguir.

_____

_____

_____

_____

NURSE—ANSWERING CALLS

Good morning. _____

Good afternoon. _____

Good evening. Good night. _____

What can I do for you?
    a bedpan?
    a glass of water?
    a pillow?
    a blanket?

Do you need help
    to eat?
    to go to the bathroom?

Are you through?

Do you need a pill
    for pain?
    to sleep?
    for nausea?

We have to check with your doctor. _____

The doctor says yes (no). _____

I'll take your temperature. _____

Put the thermometer under your tongue. _____

I'll take your pulse. _____

I'll take your blood pressure. _____

Put your tongue out. _____

The doctor will be here in a little while. _____

Swallow your medicine, please. _____

Your relatives will be here in a little while. _____

Do you feel better? _____

Turn over. _____

Are you hungry? _____

Are you thirsty? _____

You can eat the ice. _____

What liquids did you drink today? _____

In a little while you will be given a test. _____

Let me know if you need anything. _____

ENFERMERA—CONTESTANDO LAS LLAMADAS

Buenos días. _____

Buenas tardes. _____

Buenas noches. _____

Dígame qué necesita.
    una cuña?
    un vaso de agua?
    una almohada?
    una frazada (cobija)?

¿Necesita ayuda
    para comer?
    para ir al baño?

¿Terminó ya?

¿Necesita una pastilla
    para el dolor?
    para dormir?
    para las náuseas?

Hay que consultar con su médico. _____

El médico dice que sí (que no). _____

Voy a tomarle la temperatura. _____

Póngase el termómetro debajo de la lengua. _____

Voy a tomarle el pulso. _____

Voy a tomarle la presión de la sangre. _____

Saque la lengua. _____

Su médico viene en un rato. _____

Trague la medicina, por favor. _____

Sus parientes vienen en un rato. _____

¿Se siente mejor? _____

Vírese (voltéese, dese vuelta). _____

¿Tiene Ud. hambre? _____

¿Tiene Ud. sed? _____

Puede chupar hielo. _____

¿Qué líquidos tomó hoy? _____

En un rato le harán un examen. _____

Avíseme si necesita algo. _____

OPTIONAL EXERCISES

How could you find out what the patient's needs are?

_____

_____

_____

Compile a list of possible needs the patient may have in the room.
Leave blanks next to each of these for a patient to be able to check
them, if necessary.

_____

_____

_____

EJERCICIOS OPCIONALES

¿Cómo pudiera averiguar Ud. qué es lo que el (la) paciente necesita?

_____

_____

_____

Reúna en una lista las necesidades que un (una) paciente pueda tener en el cuarto. Deje un espacio al lado de cada una para que el (la) paciente pueda marcarla.

_____

_____

_____

RECEPCIONISTA

NURSE—PRE-OPERATIVE

Your doctor will explain the operation.

The anesthetist will explain the anesthesia. He will visit you a day before the operation to become familiar with you.

You will need to sign a consent for the operation and the anesthesia.

We must teach you to turn, cough, and deep breathe because after surgery it is important that you breathe deeply and cough to prevent complications.

You must also wiggle your toes and ankles.

We will do some tests before the operation.

You will be NPO (nothing by mouth) from midnight until your surgery.

You can rinse your mouth but don't swallow.

We will give you a sleeping pill so you can relax and sleep well.

I am going to give you an enema.

An I.V. will be started before the operation.

I will go to the operating room with you.

Before the operation we must remove false teeth and false eyelashes, all make-up including nail polish, bobby-pins, barrettes, underwear, socks, and all jewelry (except for wedding rings which may be taped).

You are required to wear only a hospital gown to the operation.

Send all valuables home (jewelry, money, important papers, billfolds), or give them to a nurse to place in the cashier's safe.

I am going to shave the area where you will have the operation.

You can get a pre-operative medication before the operation.

Empty your bladder before you take this medication.

After the operation you will go to the Recovery Room until you are awake. Then we will bring you back to your room.

When you are back in your room, if you are in pain, you must let the nurse know. She will give you medication for your pain.

Don't be nervous. Everything will be all right.

OPTIONAL EXERCISES

List some of the instructions that are given to a patient concerning an up-coming surgery.

_____

_____

_____

_____

_____

ENFERMERA—ANTES DE LA OPERACION

Su médico le explicará la operación que le va a hacer.

El anestesista le explicará la anestesia. El lo(a) visitará el día antes de la operación para conocerle mejor.

Usted tendrá que firmar una autorización para que se le haga la operación y se le dé la anestesia.

Tenemos que enseñarle a virarse, toser y respirar profundamente, porque después de la operación es importante que usted respire profundamente y tosa, para evitar complicaciones.

También tiene que mover los dedos de los pies y los tobillos.

Vamos a hacerle unas pruebas antes de la operación.

No podrá comer ni tomar nada desde medianoche hasta después de su operación.

Puede enjuagarse la boca, pero no trague agua.

Le daremos una pastilla para dormir para que pueda relajarse y dormir bien.

Voy a darle un enema (ponerle un lavado, una lavativa).

Le vamos a poner un suero antes de la operación.

Voy a ir al Salón de Operaciones con usted.

Antes de la operación tenemos que quitarle los dientes postizos y las pestañas postizas; todo el maquillaje, inclusive la pintura de las uñas; ganchos, hebillas, ropa interior, medias, y todas las joyas (con excepción de anillos matrimoniales que pueden ser pegados con esparadrapo).

Se requiere que usted use solamente la bata del hospital cuando vaya a la sala de operaciones.

Mande todas sus cosas de valor a la casa (prendas, dinero, papeles importantes, billeteras) o déselas a una enfermera para que las guarde en la caja fuerte.

Voy a afeitar (rasurar) el área donde le van a operar.

Le podemos dar una medicina antes de la operación.

Orine antes de tomar esta medicina.

Después de la operación lo llevaremos al Salón de Recuperación hasta que usted se despierte. Después lo traeremos de vuelta a su cuarto.

Cuando esté de vuelta en su cuarto, si siente dolor, avísele a la enfermera. Ella le dará alguna medicina para el dolor.

No tiene por qué sentirse nervioso(a). Todo va a salir bien.

EJERCICIOS OPCIONALES

Haga una lista de las instrucciones que se le dan a un(a) paciente en relación a una operación próxima.

_____

_____

_____

Write a persuasive note to the patient explaining the need to remove accessories such as jewelry before surgery.

_____

_____

_____

_____

_____

_____

NURSE-INTRAVENOUS

The doctor has ordered an intravenous.
It will hurt a little at first but when it gets in the vein it won't hurt any more.
Take both sleeves of the gown off your arms.
It is recommended that we give you the I.V. on the left arm. Don't move.
I have to shave the hair off your arm so that the tape will hold.
When I take the tape off it won't hurt if I shave it now.
If you need to go to the bathroom call the nurse.
The reason for the I.V. is to keep fluid in your body and in case you should need medication.
I am going to take out this I.V. and give you a new one.
That one is almost gone.

OPTIONAL EXERCISES

What would you tell a patient while you were giving him or her an intravenous?

_____

_____

_____

Write out for the patient what he (she) should say if he (she) notices that the I.V. is running out.

_____

_____

_____

_____

_____

Escriba una nota convincente para el (la) paciente, explicándole la necesidad de que se quite las joyas y otros artículos personales antes de la operación.

_____

_____

_____

_____

_____

_____

ENFERMERA-SUEROS

El médico ha ordenado un suero.
Va a doler un poquito al principio pero cuando llegue a la vena no va a doler más.
Saque los brazos de las mangas de su bata.
Se recomienda que se ponga el suero en el brazo izquierdo.
No se mueva.
Tengo que afeitar parte de los vellos de su brazo para que el esparadrapo se aguante. Cuando se le vaya a quitar el esparadrapo no le va a doler si yo lo afeito ahora.
Si necesita ir al baño llame a la enfermera.
Le ponemos el suero para mantener el líquido en su cuerpo y en caso de que Ud. necesite medicina.
Voy a quitarle este suero y ponerle otro.
Ese se está acabando.

EJERCICIOS OPCIONALES

¿Qué le diría Ud. a un (una) paciente mientras le está poniendo un suero?

_____

_____

_____

Escríbale al (a la) paciente lo que él (ella) debe decir si ve que se está acabando el suero.

_____

_____

_____

_____

_____

NURSE—RECOVERY ROOM

Wake up.
You are in the Recovery Room.
Try to move your feet.
You will be processed out of here and send to your room shortly.
In your room you will get medication for pain.
We are checking your breathing, pulse, blood pressure and temperature.

OPTIONAL EXERCISES

How would you try to wake up a patient from anesthesia?

_____

_____

_____

Write a report on a patient's status while in the a Recovery Room. State whether or not it was difficult to wake up this patient.

_____

_____

_____

_____

NURSE—POST-OPERATIVE

Please deep breathe. Again. Move your legs. Wiggle your toes and ankles.

If it hurts when you move or when you cough hold a pillow on your incision and it won't hurt as bad. You can also hold your fingers together over the incision.

Stay in bed.

Don't touch the I.V. Don't let your visitors touch it.

Don't move.

Sit down.

You are going to have a bath.

I am going to make your bed now.

You are going to eat now.

You are going to X-Rays now.

I'll get you up on the bed. Bend your knees and push with your heels.

I will raise the rails on the sides of the bed so you do not fall.

ENFERMERA—SALON DE RECUPERACION

Despiértese.
Usted está en el Salón de Recuperación.
Trate de mover los pies.
En un rato se va a procesar su traslado a su cuarto.
En su cuarto le darán medicina para el dolor.
Estamos al tanto de su respiración, su pulso, su presión arterial y su temperatura.

EJERCICIOS OPCIONALES

¿Qué haría Ud. para despertar a un (una) paciente de la anestesia?

_____

_____

_____

Escriba un reporte sobre el estado de un (una) paciente mientras estuvo en el Salón de Recuperación. Describa si fue difícil o no despertar a ese (esa) paciente.

_____

_____

_____

ENFERMERA—DESPUES DE LA OPERACION

Por favor, respire profundo. Otra vez. Mueva las piernas. Mueva los dedos de los pies y los tobillos.

Si siente dolor cuando se mueve o cuando tose, aguante una almohada contra la herida y le dolerá menos. También puede aguantar la herida con los dedos.

Quédese en la cama.

No toque el suero. No deje que los que vienen a visitarlo(a) lo toquen.

No se mueva.

Siéntese.

Le voy a dar un baño.

Voy a arreglar su cama ahora.

Usted va a comer ahora.

Usted va a Rayos X (equis) ahora.

Voy a enderezarlo en la cama. Doble las rodillas y empuje con los talones.

Voy a levantar las barandas a los lados de la cama para que usted no se caiga.

OPTIONAL EXERCISES

List some of the instructions a nurse may have to give a patient after he (she) is back in his (her) room.

_____

_____

_____

_____

Write a series of rules for visitors to follow when they come to see a patient after surgery.

_____

_____

_____

_____

_____

_____

_____

NURSE—ABORTION, BIRTH CONTROL, DELIVERY

Your obstetrical doctor will be here in a few minutes.

Your abortion is
  induced
  spontaneous
  therapeutic

Your doctor will talk to you about birth control and family planning.

He will explain to you the
  IUD
  diaphragm
  pill
  vasectomy
  vaginal foam (cream)

You can have a tubal ligation.

It is a caesarean section.

The anesthesia you will receive is:
  general
  local
  caudal
  spinal

EJERCICIOS OPCIONALES

Haga una lista de las instrucciones que una enfermera puede tener que darle a un (una) paciente después de que él (ella) está de vuelta en su cuarto.

_____

_____

_____

Escriba una serie de reglas que los visitantes deberán observar cuando vengan a ver a un (una) paciente después de la operación.

_____

_____

_____

_____

_____

_____

ENFERMERA—ABORTOS, CONTROL DE LA NATALIDAD, PARTOS

Su médico obstétrico estará aquí en unos minutos.

Su aborto es
  inducido
  espontáneo
  terapéutico

Su médico le hablará sobre el control de la natalidad y la planificación de la familia.

El le explicará:
  el diapositivo intrauterino
  el diafragma
  la pastilla
  la vasectomía
  la espuma (crema) vaginal

Ud. puede tener una ligadura de trompas.

Es una operación cesárea.

La anestesia que le darán es:
  general (total)
  local
  caudal
  espinal (raquídea)

The bag of waters has broken.

It is a premature birth.

You are in the delivery room.

There is a dilation of the cervix.

Your labor pains are:
  intense
  constant

How far apart are your pains?
  every five minutes
  every ten minutes

Breathe deeply.

Everything will be all right.

You must bear down.

The delivery is
  single
  multiple
  breech

OPTIONAL EXERCISES

What would you explain to a woman who is very close to giving birth?

_____

_____

_____

_____

_____

_____

Write a report on birth control methods that could be distributed for family planning.

_____

_____

_____

_____

_____

_____

La bolsa de las aguas se ha roto.

Es un parto prematuro.

Ud. está en la sala de partos.

Hay dilatación en el cuello de la matriz.

Sus dolores de parto son:
    intensos
    constantes

Cada cuánto tiempo tiene dolores?
    cada cinco minutos
    cada diez minutos

Respire profundo.

Todo va a salir bien.

Tiene que hacer fuerza.

El parto es
    sencillo
    múltiple
    extracción de nalgas

EJERCICIOS OPCIONALES

¿Qué le explicaría Ud. a una mujer próxima ya al parto?

_____

_____

_____

_____

_____

_____

Escriba un informe sobre métodos de control de la natalidad que pudiera ser distribuido como instructivo para la planificación de la familia.

_____

_____

_____

_____

_____

_____

_____

NURSE—ON DISMISSAL FROM HOSPITAL

You may go home.

When you get home, are you going to follow the kind of diet you have had at the hospital? _____

Do you understand how you are to take your medicines at home?

You will take medications
   before meals
   after meals
   with meals

Do you have your
   walker?
   crutches?
   eyekit?

Have you picked up all your belongings? _____

Your activities at home will be

   regular?
   limited?
   bed rest?

OPTIONAL EXERCISES

What do you need to ask a patient before dismissal?

_____

_____

_____

_____

_____

_____

Write a check-list for patients going home.

_____

_____

_____

_____

_____

_____

ENFERMERA—DANDO DE ALTA AL PACIENTE

Ud. puede irse para su casa.

Cuando Ud. llegue a su casa, ¿va a seguir el mismo tipo de dieta que se le está dando en el hospital? _____

¿Ud. entendió la forma en que va a tomar sus medicinas cuando llegue a casa?

Ud. tomará sus medicinas
   antes de las comidas
   después de las comidas
   con las comidas

¿Tiene Ud.
   su andador?
   sus muletas?
   su estuche con lo que necesita para los ojos?

¿Ha recogido Ud. todas sus pertenencias? _____

Su actividad en la casa va a ser
   ¿normal?
   ¿limitada?
   ¿reposo en cama?

EJERCICIOS OPCIONALES

¿Qué hay que preguntarle al (a la) paciente antes de darle de alta?

_____

_____

_____

_____

_____

Escriba una lista que les sirva de guía a los pacientes que salen del hospital para que no olviden ninguna pertenencia.

_____

_____

_____

_____

_____

DIETITIAN—GENERAL INFORMATION AND DIETS

I'm ...., the dietitian.

Here is a menu for you to select your meals.

Do you want me to circle the items for you? _____

Are you diabetic? _____

Do you take insulin? _____

Do you have any food allergies?_____

Are there any foods you specially like or dislike? _____

_____

Do you have any problems
   chewing?
   swallowing?

Do you want your milk hot? _____

Do you like the food you are getting? _____

Does it arrive hot? _____

Do you need
   a knife?
   a fork?
   a spoon?

Do you understand the diet you are to follow when you get

home? _____

_____

Do you understand that this diet has been ordered by your

doctor?_____

_____

_____

Do you have any questions? _____

Diets:
   Regular Diet
   Bland Diet
   Low Sodium Diet (Sodium Restricted)
   Calorie Controlled Diet
   Diabetic Diet
   Fat Restricted Diet
   Test Diet
   Soft Diet
   Protein Restricted Diet

DIETISTA—INFORMACION GENERAL Y DIETAS

Soy ...., el (la) dietista.

Aquí está el menú para que Ud. seleccione lo que va a comer.

¿Quiere que yo marque el menú por Ud.? _____

¿Es Ud. diabético? _____

¿Toma Ud. insulina? _____

¿Tiene Ud. alergia a alguna comida? _____

¿Hay alguna comida por la que Ud. tiene gran preferencia o alguna otra que no le gusta nada? _____

¿Tiene Ud. problemas
   al masticar?
   al tragar?

¿Quiere Ud. tomar su leche caliente? _____

¿Le gusta a Ud. la comida que le sirven? _____

¿Le llega caliente? _____

¿Necesita Ud.
   un cuchillo?
   un tenedor?
   una cuchara?

¿Entiende Ud. la dieta que va a **tener** que seguir cuando llegue a su casa? _____

_____

¿Comprende Ud. que esta dieta ha sido ordenada por su médico? _____

_____

_____

¿Tiene Ud. alguna pregunta? _____

Las dietas:
   Dieta regular (normal)
   Dieta blanda
   Dieta limitada en sodio
   Dieta controlada en calorías
   Dieta para diabéticos
   Dieta controlada en grasa
   Dieta limitada en grasa
   Dieta para pruebas
   Dieta suave
   Dieta limitada en proteínas

OPTIONAL EXERCISES

What are some of the most common diets?

_____

_____

_____

_____

_____

_____

_____

_____

Write out a model containing the questions a dietitian would generally ask the patient. Add questions that would generate a better understanding between the professional and the sick person. With your questions try to get the patient to understand that nutrition is an important part of getting well.

_____

_____

_____

_____

_____

_____

_____

_____

_____

_____

_____

_____

_____

_____

_____

_____

_____

EJERCICIOS OPCIONALES

¿Cuáles son algunas de las dietas más comunes?

_____
_____
_____
_____
_____
_____
_____
_____

Escriba un modelo que contenga preguntas como las que un (una) dietista le hace generalmente a un (una) paciente. Añada preguntas que sirvan para fomentar una relación mejor entre el profesional y el enfermo. Con sus preguntas trate de hacer que el paciente comprenda que la nutrición es una parte de su recuperación.

_____
_____
_____
_____
_____
_____
_____
_____
_____
_____
_____
_____
_____
_____
_____
_____

RADIOLOGY (X-RAYS)

Can you walk? _____

Have you had X-Rays done here before? _____

Follow my instructions.

Take the top of your clothes off and put on your gown.

Put your hands around the machine.

Take a deep breath.

Hold your breath.

Breathe.

Turn to your right (left).

Put your hands on top of your head.

Hold your breath again.

Relax.

Sit down on that chair, please.

Wait outside for a moment.

Don't lose your patience.

We will have to repeat this X-Ray tomorrow.

You need to drink this liquid.

Try to drink fast.

Lie on the table
  on your back
  on your stomach

Don't move.

We are through.

Do you need to use the bathroom? _____

OPTIONAL EXERCISES

Tell the patient what to do in front of the machine.

_____

_____

_____

_____

_____

_____

RADIOLOGIA (RAYOS X: EQUIS)

¿Puede Ud. caminar? _____

¿Le han hecho placas (rayos X) aquí antes? _____

Siga mis instrucciones.

Quítese la ropa de la parte de arriba y póngase la bata.

Ponga sus manos alrededor de la máquina.

Respire profundamente.

Aguante la respiración.

Respire.

Vírese (voltéese, dese vuelta) a la derecha (a la izquierda).

Ponga las manos encima de la cabeza.

Aguante la respiración otra vez.

Descanse.

Siéntese en esa silla, por favor.

Espere afuera un momento.

No se impaciente.

Tenemos que repetir la placa (los rayos X) mañana.

Tiene que tomar este líquido.

Trate de tomarlo rápidamente.

Acuéstese sobre la mesa
   boca arriba
   boca abajo

No se mueva.

Ya terminamos.

¿Necesita ir al baño? _____

EJERCICIOS OPCIONALES

Dígale al (a la) paciente qué es lo que tiene que hacer cuando esté delante de la máquina.

_____

_____

_____

_____

_____

_____

Write a report on the average time that it takes to give an X-Ray
including the time for giving out instructions. State in your report
whether time is saved when these instructions are simple, clear,
and to the point.

_____

_____

_____

_____

_____

_____

_____

_____

_____

_____

_____

_____

_____

_____

_____

_____

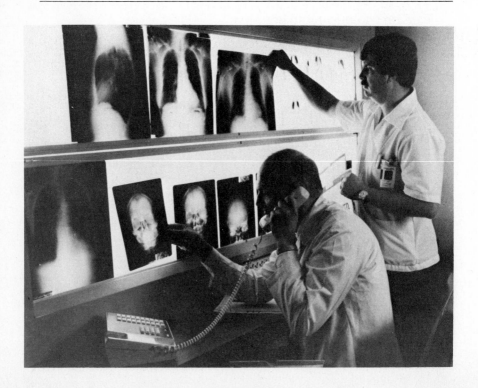

Escriba un informe sobre el tiempo promedio que se lleva hacer una placa incluyendo el tiempo de dar las instrucciones al (a la) paciente. Haga constar en su reporte si se ahorra tiempo cuando las instrucciones son sencillas, claras y precisas.

_____

_____

_____

_____

_____

_____

_____

_____

_____

_____

_____

_____

_____

_____

_____

EKG—HOSPITAL PATIENT

Your doctor has ordered an electrocardiogram.

I am going to do it right now.

Is this your first EKG? _____

Is this your first EKG in this hospital? _____

Lie down in bed.

Please put your arms down.

Please put your legs down.

Be very relaxed.

Please don't move or speak during the test.

This test only takes two minutes.

It doesn't hurt at all.

OPTIONAL EXERCISES

What do you need to say to a patient to get him (her) ready for an EKG?

_____

_____

_____

_____

_____

Write a medical history for a patient who has had several EKG's before.

_____

_____

_____

_____

_____

_____

_____

_____

_____

ELECTROCARDIOGRAMA—PACIENTE EN EL HOSPITAL

Su médico ha ordenado un electrocardiograma.

Voy a hacerlo ahora mismo.

¿Es éste su primer electrocardiograma?_____

¿Es éste su primer electrocardiograma en este hospital? _____

Acuéstese en la cama.

Por favor, baje los brazos.

Por favor, baje las piernas.

Esté muy tranquilo.

Por favor, no se mueva ni hable durante la prueba.

Esta prueba solamente toma dos minutos.

No duele nada.

EJERCICIOS OPCIONALES

¿Qué debe Ud. decirle a un (una) paciente para preparar a esta persona para un electrocardiograma?

_____

_____

_____

_____

Escriba la historia médica de un(a) paciente que ha tenido varios electrocardiogramas anteriormente.

_____

_____

_____

_____

_____

_____

_____

_____

EKG—HOLTER SCAN

This is a heart monitoring test for 24 hours (12 hours).

Please do not wash your chest while the equipment is on.

You must carry this little box with you at all times during the test.

If you have any problems, or if the equipment comes loose, please call the nurse at once.

During this test, you must keep a diary of your activities. Please write the time, what you are doing, and if you feel.
palpitations
dizziness
shortness of breath
weak
tired
other_____

OPTIONAL EXERCISES

List the instructions for a Holter scan.

_____
_____
_____
_____

Review a patient diary kept during a Holter scan.

_____
_____
_____
_____
_____
_____

ELECTROCARDIOGRAM—STRESS-TESTING FOR OUT-PATIENTS

You must fast for twelve hours before the test.

If you need to drink something you can have a little water, orange juice, or coffee.

You need to wear comfortable clothes and something you can walk in, like sneakers, shorts, and T-shirts.

While you are taking the test be as relaxed as possible.

ELECTROCARDIOGRAMA—PRUEBA DE HOLTER

Esta es una prueba de control del corazón que dura 24 horas (12 horas).

Por favor no se lave el pecho mientras tenga el equipo puesto.

Ud. debe llevar consigo esta cajita constantemente durante la prueba.

Si Ud. tiene algún problema, o si el equipo se desata, por favor llame a la enfermera en seguida.

Durante esta prueba, es necesario que Ud. mantenga un diario de sus actividades. Por favor, escriba la hora, lo que hace, y si siente.
   palpitaciones
   mareos
   falta de aire
   debilidad
   cansancio
   otra cosa _____

EJERCICIOS OPCIONALES

Haga una lista de las instrucciones para una prueba de Holter

_____

_____

_____

Revise el diario que un (una) paciente mantuvo durante una prueba de Holter.

_____

_____

_____

_____

ELECTROCARDIOGRAMA—PRUEBA DE RESISTENCIA PARA PACIENTES DE FUERA

Debe ayunar por doce horas antes de la prueba.

Si necesita tomar algo, puede beber un poco de agua, jugo de naranja, o café.

Tiene que usar ropa cómoda que le permita caminar con soltura, como zapatos tenis, pantalones cortos, camisas sueltas.

Mientras dure la prueba esté tan tranquilo como le sea posible.

Why are you taking this test?
  The doctor ordered it.
  It's part of an exercise program.
  I have problems breathing.
  I get tired easily.
  Other _____

Are you on any medications? _____

Do you have any pain in your chest? _____

Do you have shortness of breath? _____

Do you have any family history of heart disease?_____

_____

Do you understand what the test is about? _____

First we start out slowly and then we gradually increase stress__

Please let us know if you feel
  chest pains
  too tired to continue
  leg cramping
  like you are going to fall or faint

Breathe as deeply and as fast as you can.

Your heart and your blood pressure are being monitored throught the test.

Please stand up straight and take long steps.

Please keep walking until the machine comes to a stop.

OPTIONAL EXERCISES

What are some of the questions you would ask a patient before a stress test?

_____

_____

_____

Write an explanation of the test for the patient.

_____

_____

_____

ELECTROCARDIOGRAM—PULMONARY FUNCTION TESTING

This is a breathing test.
Please sit down.

¿Por qué le están haciendo a Ud. esta prueba?
   El médico la ordenó.
   Es parte de un plan de ejercicios.
   Tengo problemas con la respiración.
   Me canso fácilmente.
   Otra razón _____

¿Está Ud. tomando alguna medicina? _____

¿Tiene Ud. dolor en el pecho? _____

¿Padece Ud. de falta de aire?_____

¿Tiene Ud. una historia familiar de enfermedades cardiacas?___

_____

¿Comprende Ud. que clase de prueba es ésta? _____

Primero empezamos despacio y después, gradualmente, aumentamos la presión.

Por favor, díganos si siente
   dolores en el pecho
   demasiado cansancio para poder seguir
   calambres en la pierna
   como que se va a caer o desmayar

Respire tan profunda y tan rápidamente como pueda.

Estamos al tanto de su corazón y su presión durante la prueba.

Por favor, párese derecho y dé pasos grandes.

Por favor, siga caminando hasta que la máquina se pare.

EJERCICIOS OPCIONALES

¿Cuáles son algunas de las preguntas que Ud. le haría a un(una) paciente antes de la prueba de resistencia?

_____

_____

_____

Escriba una explicación de la prueba para que el (la) paciente comprenda lo que debe hacer.

_____

_____

_____

ELECTROCARDIOGRAMA—PRUEBA DE FUNCION PULMONAR

Esta es una prueba de respiración.

Por favor, siéntese.

Please lie down.

First we have to take arterial blood.

It may hurt a little.

I am putting a nose-clip on your nose and a mouth-piece on your mouth.

It is imperative that you not take the mouth-piece off. You can cough or swallow with it on.

Please, relax. You are getting as much air as you need through the machine.

Breathe thorugh your mouth.

Breathe normally.

It will take about five minutes.

If you have moisture accumulation (saliva), you can swallow it.

Without taking a deep breath push all the air out of your lungs.

When you think you have got it all out, push a little bit more; then tap us.

Breathe in quickly and deeply.

Exhale quickly—all the way and all at once.

Breathe normally.

Breathe in a relaxed manner.

Take a deep breath and hold it until I tap you.

Push the air out until I tap you again.

Let's repeat that.

More.

Please stand up.

I am going to squirt some medicine in your mouth for your lungs.

OPTIONAL EXERCISES.

Explain to the patient what he (she) must do to cooperate during the test.

_____

_____

_____

Write out the different ways in which the patient should breathe at different times during the test.

_____

_____

_____

Por favor, acuéstese.

Primero tenemos que sacar sangre de la arteria.

Puede dolerle un poquito.

Le estoy poniendo una pinza en la nariz y una pieza sobre la boca.

Es obligatorio que Ud. no se quite la pieza que tiene sobre la boca. Puede toser y tragar aun con la pieza puesta.

Por favor, esté tranquilo(a). Ud. está recibiendo todo el aire que necesita mediante esta máquina.

Respire por la boca.

Respire normalmente.

Se demora cerca de cinco minutos.

Si Ud. tiene acumulación de humedad (saliva), Ud. puede tragarla.

Sin respirar profundo, haga salir todo el aire de sus pulmones.

Cuando crea que ya lo ha sacado todo afuera, trate de sacar un poquito más; entonces, tóqueme.

Respire rápida y profundamente.

Exhale rápidamente—del todo y a la vez.

Respire normalmente.

Respire en forma calmada.

Respire profundamente y aguante el aire hasta que yo lo(a) toque.

Saque el aire hasta que yo lo(a) toque otra vez.

Vamos a repetirlo.

Más.

Por favor, párese.

Voy a rociar en su boca medicina para los pulmones.

EJERCICIOS OPCIONALES

Explique al(a la) paciente lo que debe hacer para que coopere durante la prueba.

_____

_____

_____

Escriba las diferentes formas en que el(la) paciente debe respirar durante la prueba.

_____

_____

_____

PHYSICAL THERAPY—HOSPITAL VISIT

Your doctor has asked me to see you for
   exercise
   ultra sound
   walking

I want to do an evaluation of your
   strength
   sensation
   range of motion
Do you have pain? _____

Where is your pain? _____

What kind of pain do you have?
   sharp
   dull
   pressure
   throbbing
   shooting

Do not put any weight on your
   right foot
   left foot
   right arm
   left arm
   right hand
   left hand

Push down on your hands.

Once more

Lift your arm up over your head.

Put your hands behind your.
   head
   back
Push with all your strength
   against my hand
   towards you
   outwards
   down
   up

Close your hand.

Squeeze your hand.

Put your thumb and little finger together.

TERAPIA FISICA—VISITA EN EL HOSPITAL

Su médico me ha pedido que lo visite para
    ejercicios
    ultra sonido
    caminar

Quiero evaluar su
    fuerza
    sensibilidad
    alcance de sus movimientos

¿Tiene Ud. dolor? _____

¿Dónde le duele? _____

¿Qué tipo de dolor tiene?
    agudo
    sordo
    presión
    pulsativo
    fulgurante

No ponga ningún peso sobre
    el pie derecho
    el pie izquierdo
    el brazo derecho
    el brazo izquierdo
    la mano derecha
    la mano izquierda

Haga fuerza con sus manos.

Una vez más

Levante el brazo sobre la cabeza.

Ponga las manos detrás de
    la cabeza
    la espalda

Empuje con toda su fuerza
    contra mi mano
    hacia adentro
    hacia afuera
    hacia abajo
    hacia arriba

Cierre la mano.

Apriétese la mano.

Una el dedo pulgar y el meñique.

Put your hands on your knees.

Turn them palm-up, palm-down, as fast as you can.

Bend your ankles.
>   up
>   down

Raise your right (left) leg.

Lower your leg.

Move your foot.

Wiggle your toes.

Stand up.

Move forward.

Walk, please, towards the door.

Turn around.

Tell me what you feel.
>   cold
>   hot
>   pain
>   pressure
>   vibration
>   dizzines

I am going to give you a whirlpool bath to relax your muscles.

You are not going to feel any pain.

If you do let me know right away.

OPTIONAL EXERCISES

What are some of the instructions that involve "hands"?

_____

_____

_____

_____

Write a report describing the patient's ability to respond physically to your instructions when you use the language he(she) is most comfortable with and understand better.

_____

_____

_____

_____

Ponga las manos en las rodillas.

Vire (voltee) las palmas de la mano hacia arriba y hacia abajo tan rápidamente como pueda.

Doble los tobillos.
   hacia arriba
   hacia abajo

Levante la pierna derecha (izquierda).

Baje la pierna.

Mueva el pie.

Haga girar los dedos de los pies.

Párese.

Camine hacia adelante.

Camine, por favor, hasta la puerta.

Dé una vuelta.

Dígame qué siente:
   frío
   calor
   dolor
   presión
   vibración
   mareos

Le voy a dar un baño en la bañadera con agua circulatoria para relajar sus músculos.

Ud. no va a sentir ningún dolor.

Si siente algún dolor, avíseme enseguida.

EJERCICIOS OPCIONALES

¿Cuáles son algunas de las instrucciones que tienen que ver con "las manos"?

_____

_____

_____

Escriba un informe describiendo la habilidad del paciente para responder físicamente a sus instrucciones cuando usted usa un lenguaje que le permite al(a la) paciente sentirse más cómodo y por medio del cual él(ella) le entiende mejor.

_____

_____

_____

RESPIRATORY THERAPY—INTERMITTENT POSITIVE PRESSURE BREATHING

You are taking this treatment to prevent pulmonary complications.

The treatment will last around ten minutes.

This is the equipment we will use for your therapy.

You have to initiate respiration; then the machine will provide you with a deep breath.

After the breath, hold your breath for a moment and then exhale.

RESPIRATORY THERAPY—OXYGEN THERAPY

You are getting oxygen to raise the oxygen concentration level in your blood.

Relax and breathe.

The equipment we use goes 1/4 of an inch within nostrils.

RESPIRATORY THERAPY—ARTERIAL PUNCTURES (DIAGNOSTIC)

We are going to draw some blood from your arteries.

It is generally painless.

If you feel a lot of pain, let us know, and we will give you some anesthetic.

You will feel a little stick.

Please, relax.

It will take a couple of minutes.

OPTIONAL EXERCISES

How would you tell a patient to relax, that there is no pain involved in the therapy?

_____

_____

_____

Report the average patient's initial reaction to respiratory procedures and equipment used.

_____

_____

_____

TERAPIA RESPIRATORIA—RESPIRACION DE PRESION POSITIVA INTERMITENTE

Ud. está recibiendo este tratamiento para prevenir complicaciones pulmonares.

El tratamiento durará diez minutos.

Este es el equipo (la máquina) que usaremos para su terapia.

Ud. tiene que empezar la respiración; después la máquina proporcionará una respiración profunda.

Después de respirar, sostenga la respiración momentáneamente y después exhale.

TERAPIA RESPIRATORIA—TERAPIA DE OXIGENO

Se le va a dar oxígeno para aumentar el nivel de concentración de oxígeno en la sangre.

Descanse y respire.

El equipo que usamos penetra 1/4 de pulgada en las narices.

TERAPIA RESPIRATORIA—PERFORACION ARTERIAL (DIAGNOSTICO)

Vamos a sacarle un poco de sangre de las aterias.

Generalmente no causa dolor.

Si siente mucho dolor, avísenos, y le daremos un anestésico.

Ud. va a sentir un pinchazo.

Por favor, descanse.

Va a demorarse unos minutos.

EJERCICIOS OPCIONALES

¿Cómo le diría Ud. a un(una) paciente que esté tranquilo(a), que el procedimiento terapéutico no le producirá dolor?

_____

_____

_____

Haga un reporte de la reacción inicial del(de la) paciente promedio a los procedimientos terapéuticos y al equipo que se usa.

_____

_____

_____

ORTHOPEDIC TECHNICIAN—Setting up Tractions

Hello. My name is_____. I'm the orthopedic technician.

I am here to set up the traction the doctor ordered.

I will apply traction to your pelvis (nek, leg, etc.)

This will help relieve your pain by keeping the area immobilized.

Lift your hips (your head, etc.)

Roll to your side.

I will set up a trapeze for you.

Bend one leg, brace yourself with one hand and raise yourself with the other one holding on to the trapeze.

I will use shock blocks to elevate the head (the foot) of the bed.

OPTIONAL EXERCISES

Introduce yourself to the patient and explain to him (to her) what you are going to do.

_____

_____

_____

TECNICO ORTOPEDICO—USO DE TRACCIONES

Buenas. Me llamo_____. Soy el técnico ortopédico.

Vengo a ponerle la tracción que su medico ordenó.

Le pondré la tracción en la pelvis (el cuello, la pierna, etc.).

Esto ayudará a aliviar el dolor porque va a mantener el área inmovilizada.

Levante las caderas (la cabeza, etc.).

Póngase de lado.

Voy a instalarle un trapecio a Ud.

Doble la rodilla, agárrese con una mano, y levántese con la otra sujetándose del trapecio.

Voy a usar bloques para elevar la cabecera (el pie) de la cama.

EJERCICIOS OPCIONALES

Preséntese al (a la) paciente y explíquele lo que Ud. va a hacer?

_____

_____

_____

PSYCHIATRIC NURSE—NEW PATIENT QUESTIONNAIRE

Why are you in the hospital?
   Don't know
   Nervous
   Have not been eating
   Have not been sleeping
   Depressed

Have you been in this hospital before?_____

Have you been in any other psychiatric hospital? _____

_____

Do you ever feel like
   hurting youself?
   killing yourself?

When other people don't, do you ever

   hear voices?
   see things?

Do you know where you are now? _____

What is your name? _____

What day is it? _____

Would you say that you feel
   restless?
   confused?
   unaware of what's happening?

Have you had any losses in the family recently?_____

Is your husband (wife) living? _____

Do you have a family?_____

Do you work? _____

What kind of work do you do?_____

Do you have any allergies?_____

Do you know whether you have any chronic or major illnesses?

_____

OPTIONAL EXERCISES

What are some of the questions to determine the condition of a
new patient?

_____

_____

_____

ENFERMERA(O) DE PSIQUIATRIA—CUESTIONARIO A UN PACIENTE RECIEN INGRESADO

¿Por qué está Ud. en el hospital?
No sé
Estoy nervioso(a)
No he estado comiendo
No he estado durmiendo
Estoy deprimido(a)

¿Ha estado Ud. en este hospital antes? _____

¿Ha estado Ud. en algún otro hospital psiquiátrico antes? _____

_____

¿A veces siente Ud. el deseo de
hacerse daño?
matarse?

¿Cuando otras personas dicen que no hay nada, Ud.,
oye voces?
ve cosas?

¿Ud. sabe dónde está ahora? _____

¿Cómo se llama Ud.? _____

¿Qué día es hoy? _____

¿Diría Ud. que se siente
intranquilo?
confuso?
que no sabe lo que está pasando?

¿Ha perdido algún familiar querido recientemete? _____

¿Está vivo(a) su esposo(a)? _____

¿Vive Ud. solo(a)? _____

¿Tiene Ud. familia? _____

¿Trabaja Ud.? _____

¿Qué clase de trabajo hace Ud.? _____

¿Tiene Ud. alguna alergia? _____

¿Ud. sabe si padece de alguna enfermedad crónica o grave? ____

EJERCICIOS OPCIONALES

Cuáles son algunas de las preguntas para determinar el estado de un(a) nuevo(a) paciente?

_____

_____

_____

Write questions for family members to find out how long has the
condition of patient existed.

_____

_____

_____

_____

_____

_____

_____

_____

Escriba algunas preguntas para hacerle a la familia del(de la) paciente para averiguar cuánto tiempo lleva en ese estado.

_____

_____

_____

_____

_____

_____

_____

_____

SOCIAL WORKER—THE PATIENT SENT HOME

The doctor has ordered that you have a nurse at home.

Your father will be taken home in an ambulance.

Medicare (or Medicaid, or both) will pay for everything, don't worry.

You need at home
a hospital bed
a portable bathroom
a walker

SOCIAL WORKER—PATIENT TRANSFERRED TO A CONVALESCENT CENTER

I am the social worker at the hospital.

Your father (relative) will be transported to a convalescent center in an ambulance.

The doctor has filled out the application.

Please take them to the Medicaid Office.

The man in charge of the Convalescent Home Department at that office will talk to you about the best place for your father (relative).

SOCIAL WORKER—ADMISSION TO NURSING HOME

Name of patient _____

Date of birth_____

Religion:
    Catholic
    Protestant
    Jewish
    Other _____

Social Security number _____

Sex:
    Male
    Female

Citizenship:
    U.S.
    Mexican
    Colombian
    Canadian
    Other _____

TRABAJADOR(A) SOCIAL—SE LE HA DADO DE ALTA AL PACIENTE

El médico ha ordenado que una enfermera esté con Ud. en la casa.

Su padre será transportado a casa en una ambulancia.

Medicare (o Medicaid, o ambos) pagarán por todo, no se preocupe.

Ud. necesitará en la casa.
    una cama de hospital
    un inodoro (servicio) portátil
    un andador

TRABAJADOR(A) SOCIAL—TRASLADO DEL PACIENTE A UN CENTRO DE CONVALECIENTES

Soy el(la) trabajador(a) social del hospital.
Su padre (pariente) será transportado en una ambulancia a un centro de convalecientes.

El médico ha llenado las planillas.

Por favor, llévelas a la oficina del Medicaid.

El encargado del Departamento de Centros de Convalecientes en esa oficina hablará con Ud. sobre el lugar que mejor le conviene a su padre (pariente).

TRABAJADOR(A) SOCIAL—INGRESO A LA CLINICA DE ANCIANOS

Nombre del paciente_____

Fecha de nacimiento _____

Religión:
    Católico(a)
    Protestante
    Hebreo
    Otra _____

Número de Seguridad Social _____

Sexo:
    Hombre
    Mujer

Ciudadanía:
    Norteamericano(a)
    Mexicano(a)
    Colombiano(a)
    Canadiense
    Otra _____

Place of birth: _____

Name of physician who will take care of patient:

_____

Through which agency was patient sent to us?

Which agency made the arrangements? _____

_____

Medicare and Medicaid numbers_____

_____

What is patient's level of care?
    Total care
    Intermediate
    Ambulatory

From where is this patient being transferred?
    His home
    Hospital
    Extended care facility

It is required that you submit the name of desired funeral home, in case death of patient occurs. _____

SOCIAL WORKER—DEATH OF PATIENT

We have already contacted the priest, (minister), (rabbi).

I'm very sorry.

Have you thought what funeral home you are going to use?___

You will have to sign a consent to release the body to the funeral home.

OPTIONAL EXERCISES

What are some of the ways the patient could leave the hospital and what are some of the arrangements?

_____

_____

_____

Write a report to the hospital stating the number of patients who left the hospital on a particular week and describe their condition.

_____

_____

_____

Lugar de nacimiento _____

Nombre del médico que se ocupará del paciente:

_____

¿Por medio de qué agencia viene remitido el paciente?

¿Qué agencia hizo los trámites? _____

_____

Números de Medicare y de Medicaid_____

_____

¿Cuál es el nivel de cuidado del paciente?
    Cuidado total
    Intermediario
    Ambulatorio

¿De dónde se le traslada a este paciente?
    De su casa
    Del hospital
    De la clínica

Se requiere que Ud. nos dé el nombre de la funeraria que deseen
usar en caso de defunción. _____

TRABAJADOR(A) SOCIAL—MUERTE DEL PACIENTE

Ya se ha llamado al Padre, (Ministro), (Rabino).

Lo acompaño en sus sentimientos.

Ha pensado Ud. en la funeraria que va a utilizar?_____

Ud. tendrá que firmar una autorización para que se pueda
transportar al difunto a la funeraria.

EJERCICIOS OPCIONALES

¿Cuáles son algunas de las formas en que un paciente puede salir
del hospital y los arreglos que hay que hacer?

_____

_____

_____

Escriba un reporte para el hospital, haciendo constar el número de
pacientes que salió del mismo durante una semana en particular, y
describa el estado de cada uno de ellos.

_____

_____

_____

ADMINISTRATOR—A VISIT TO THE PATIENT

Good morning.

Good afternoon.

Good evening. Good night.

How are you?

   Fine, thank you.

   So-so

I represent the administration.

Are you happy with the care you get from the nurses? _____

Do they come as soon as you call them? _____

Is your room kept clean? _____

Do you like the food?

Does it come hot?

Is it presented attractively?

Let us know immediately if you have a problem.

We will do all we possibly can to help you.

We hope you get well soon.

We hope you are happy with our care in the hospital.

So long. See you later.

OPTIONAL EXERCISES

How would you ask a patient about his(her) room and his (her) food?

_____

_____

_____

Write a card with your signature on it stating that you are available to the patient for anything he (she) may need or for any complaint this person may have.

_____

_____

_____

_____

_____

_____

DIRECTOR—UNA VISITA AL PACIENTE

Buenos días.

Buenas tardes.

Buenas noches.

¿Qué tal?, ¿Cómo está?
  Bien, gracias
  Regular

Represento a la dirección del hospital.

¿Está Ud. contento con el cuidado que le dan las enfermeras? _

¿Vienen en cuanto Ud. las llama?_____

¿Le mantienen el cuarto limpio?_____

¿Le gusta la comida?_____

¿Se la traen caliente? _____

¿Se la presentan en forma atractiva? _____

Avísenos inmediatamente si tiene algún problema.

Haremos todo lo posible por ayudarlo(a).

Esperamos que Ud. se recupere rápidamente.

Esperamos que Ud. esté contento con nuestras atenciones en el hospital.

Hasta luego.

EJERCICIOS OPCIONALES

¿Cómo le preguntaría Ud. a un paciente sobre su cuarto y su comida?

_____

_____

_____

Escriba una tarjeta que lleve su firma en la que Ud. se ofrece al(a la) paciente para cualquier cosa que necesite o cualquier queja que tenga.

_____

_____

_____

_____

_____

_____

PART II
ONCOLOGY*

ADMISSION ASSESSMENT

DATE _____

SKIN CONDITION
  Alopecia
  Dry
  Rash
  Petechiae
  Lesions
  Edema

GASTROINTESTINAL
  Constipated
  Diarrhea
  Stomatitis
  Nausea
  Vomiting

APPETITE
  Good
  Fair
  Poor

NEUROLOGICAL
  Numbness
  Tingling

---

* Oncology is the branch of medicine that deals with tumors. Malignant or cancerous tumors are treated by oncologists. Cancer is the uncontrollable growth and propagation of abnormal cells. This growth or spreading to other areas is called metastasis.

SEGUNDA PARTE
ONCOLOGIA*

EVALUACION DE INGRESO

FECHA _____

CONDICION DE LA PIEL
  Alopecia
  Sequedad
  Erupción
  Petequia
  Lesiones
  Edema

GASTROINTESTINAL
  Constipación
  Diarrea
  Estomatitis
  Náusea
  Vómitos

APETITO
  Bueno
  Malo
  Regular

NEUROLOGICO
  Adormecimiento
  Cosquilleo

---

* La oncología es la rama de la medicina que trata de los tumores. Los tumores malignos o cancerosos son tratados por los oncólogos. El cáncer es el crecimiento incontrolable y la propagación de células anormales. Esta propagación o metástasis es la invasión de estas células cancerosas a tejidos vecinos o a distancia.

LEVEL OF CONSIOUSNESS
Alert
Lethargic
Confused

URINARY
Burning
Frequency _____

RESPIRATORY
Cough
Sputum Production
Dyspnea
Nasal Congestion
Pharyngitis

CARDIOVASCULAR
Intravenous needle site

SURGICAL
Wound
Sutures

ACTIVITY
Ambulatory
Wheelchair
Bed rest

EMOTIONAL STATUS
Stable
Depressed
Anxious

SPECIAL PROBLEMS
Fever
Allergies
Weakness

PATIENT TEACHING
Medication
Diet

NIVEL DE CONOCIMIENTO
Alerta
Letárgico(a)
Confuso(a)

URINARIO
Quemazón
Frecuencia_____

RESPIRATORIO
Tos
Producción de esputo
Disnea
Congestión nasal
Faringitis

CARDIOVASCULAR
Posición de aguja intravenosa

QUIRURGICO
Herida
Suturas (puntos)

ACTIVIDAD
Ambulante
Silla de ruedas
En cama

ESTADO EMOCIONAL
Estable
Deprimido(a)
Ansioso(a)

PROBLEMAS ESPECIALES
Fiebre
Alergias
Debilidad

EDUCACION PARA EL PACIENTE
Medicinas
Dieta

NUTRITIONAL ASSESSMENT (DIETITIAN)

Good morning. I'm _____, the dietitian.

Is this your first admission here?

How is your appetite?
   Good
   Bad
   Fair

Have you had any involuntary weight loss?

Have you ever received chemotherapy?

Have you ever received radiation therapy? What part of your body received radiation?

Have you ever had surgery on any part of your digestive tract?

Do you have any problems chewing or swallowing?

Are you allergic to any foods?

Do you dislike any specific foods

Does food taste or smell different to you?

What have you eaten today?

What did you eat yesterday?

Are you having any diarrhea?

Are you having any constipation

Are you having any nausea?

Do you drink milk? Why not? Don't you like it?

You are not getting enough protein and (or) calories in the foods you are eating.

Good protein food sources are: milk, eggs, cheese of any kind, chicken, fish, beef, veal, lamb, yogurt.

Have you ever tried a nutritional supplement?

Would you like to try a snack in-between meals in order to increase your intake without giving you that "full feeling"?

Do you like the snacks (supplements) you are receiving?

Are you eating and drinking everything being sent to you from the Dietary Department?

To control nausea, try selecting salty or cold, nonaromatic foods such as saltine crackers with cheese or peanut butter, or cottage cheese and fruit plates, etc.

EVALUACION NUTRITIVA

Buenos días. Yo soy _____, el (la) dietista.

¿Es la primera vez que lo ingresan a usted aquí?

¿Qué tal es su apetito?
   Bueno
   Malo
   Regular

¿Ha perdido usted de peso sin proponérselo?

¿Le han dado alguna vez quimioterapia?

¿Le han dado alguna vez radioterapia? ¿En qué parte el cuerpo?

¿Ha tenido usted alguna operación en cualquier parte del aparato digestivo?

¿Le cuesta trabajo masticar o tragar?

¿Es usted alérgico a alguna comida?

¿Hay alguna comida que no le guste?

¿Usted nota que ahora la comida le sabe diferente o que tiene un olor diferente?

¿Qué comió usted hoy?

¿Qué comió usted ayer?

¿Tiene usted diarrea?

¿Está usted constipado?

¿Tiene usted náuseas?

¿Toma usted leche? ¿Por qué no? ¿No le gusta?

Usted no está recibiendo suficiente proteína ni (o) calorías en los alimentos que come.

Algunos de los alimentos que contienen proteínas son: leche, huevos, cualquier tipo de queso, pollo, pescado, carne de res, ternera, carnero y yogur.

¿Ha probado usted alguna vez un suplemento nutritivo?

¿Le gustaría tomar una merienda entre comidas para complementar lo que usted come sin que tenga una sensación de llenura?

¿Le gustan las meriendas que le sirven?

¿Está usted comiendo y tomando todo lo que le envían del Departamento de Dietética?

Para controlar la náusea, trate de escoger alimentos salados o fríos, sin mucho olor, como las galleticas saladas con queso o mantequilla de cacahuates (maní), o requesón y frutas, etcétera.

We will calculate exactly how much protein and calories you are consuming.

Are you able to write down everything you eat or drink on this sheet?

Since you are unable to eat because of _____ we may have to feed you through a tube.

The tube is very soft and small and will keep you from having to worry about eating enough all the time. (You may eat or drink anything you like with the tube inserted).

Are you getting enough to eat?

Would you like a snack at night before you go to bed?

PAIN

Please point to the area of your body which hurts.

Please point to areas of your body to where pain is spreading.

Is your pain
   hot?
   cutting?
   constant?
   intermittent?
   dull?
   pressing?
   mild?
   moderate?
   severe?

The pain medicine works better if it is given before the pain becomes severe.

Please tell me when you need more medicine for pain.

Does the pain medicine I gave you relieve your pain?

Do you think you need something stronger for your pain than the medicine I have been giving you?

Does the pain medicine I gave you make you sick in any way?

Does it make you
   dizzy?
   nauseated?
   sleepy?
   unable to eat?
   get a headache?

Nosotros vamos a calcular exactamente la cantidad de proteínas y de calorías que usted está consumiendo.

¿Puede usted escribir todo lo que come y toma en esta hoja de papel?

Ya que usted no puede comer debido a _____ tendremos que alimentarlo mediante un tubo.

El tubo es muy suave y pequeño y le permitirá comer lo suficiente, sin que tenga que preocuparse de ello. (Con el tubo puesto usted puede comer o tomar lo que quiera).

¿Le dan suficiente comida?

¿Le gustaría una merienda por la noche antes de dormir?

DOLOR

Por favor muéstreme qué parte del cuerpo le duele.

Por favor señale las partes del cuerpo hacia donde el dolor se extiende.

¿Tiene dolor
  caliente?
  cortante (agudo)?
  constante?
  intermitente (que viene y se va)?
  sordo?
  de presión?
  ligero?
  moderado?
  severo (fuerte)?

La medicina para el dolor funciona mejor si se toma antes de que el dolor se agrave.

Por favor, avíseme cuando necesite más medicina para el dolor.

¿Siente alivio con la medicina que le di?

¿Usted cree que necesite algo más fuerte para el dolor que la medicina que le he estado dando?

¿Le hace daño la medicina que le estoy dando?

¿Le produce
  mareos?
  náusea?
  sueño?
  falta de apetito?
  dolor de cabeza?

PAP SMEAR

Each year every woman should have a pap smear. This test will tell the physician if there are any changes inside your vagina that may cause cancer or other disease.

You will be placed on an examination table with your feet and legs up and spread apart.

The doctor will insert an instrument into your vagina. It will be uncomfortable at first, but just try to relax your stomach muscles and take a few deep breaths. You will not feel the doctor take the actual test.

After the pap smear is taken, the doctor will take the instrument out and then, using his hands will feel your abdomen and check your female organs for size and for any abnormality.

The last thing the doctor will do is to check your rectum by inserting one finger to feel for anything unusual. It will be uncomfortable and you may feel as if you want to have a bowel movement. This is normal.

After this last part, the doctor will be finished with your pap smear and pelvic exam. The test results may take one week to ten days to come back from the lab. The doctor will call you if anything is wrong.

BONE MARROW BIOPSY

The physician needs a sample of your bone marrow.

This test is very important in helping your physician diagnose your illness.

Are you allergic to xylocaine or novocaine?

We will anesthesize your skin with xylocaine before the bone marrow needle is inserted.

This will sting a little, then you will not feel anything except some pressure.

When the physician aspirates the bone marrow you will feel a pulling sensation. Do not let this frighten you.

The needle is out.

I am applying some pressure so it won't bleed.

I am putting a plastic bandage (bandaid) on the spot.

You may sit up now.

You may remove the plastic bandage (bandaid) when you get home.

PRUEBA DE PAPANICOLAOU

Toda mujer debe hacerse la prueba de Papanicolaou una vez al año. Esta prueba le muestra al médico si ha habido cambios dentro de la vagina que puedan causar cáncer u otras enfermedades.

La pondrán en una mesa con los pies y piernas separadas.

El médico introducirá un instrumento en su vagina. Será incómodo al principio, pero trate de relajar los músculos del estómago y respire profundo. Usted no va a notar el momento en que el médico le haga el examen.

Después de la prueba, el médico sacará el instrumento y con sus manos palpará su vientre y sus órganos femeninos para ver el tamaño y para sentir al tacto si hay alguna anormalidad.

Lo último que hace el médico es examinar su recto, introduciendo un dedo para sentir al tacto si hay algo fuera de lo normal. Será incómodo y usted sentirá como si fuera a tener una evacuación (defecación, hacer caca).

Después de esta última parte, el médico habrá terminado con la prueba de papanicolaou y el examen pélvico. Los resultados de la prueba puede que demoren de una semana a diez días en regresar del laboratorio. El médico la llamará si algo no está bien.

BIOPSIA DE MEDULA OSEA

El médico necesita una muestra de su médula ósea.

Este examen es muy importante para que su médico haga el diagnóstico de su enfermedad.

¿Es usted alérgico(a) a la xilocaína o la novocaína?

Le vamos a anestesiar la piel con xilocaína antes de introducir la aguja en la médula.

Le va a arder un poco, pero después sólo sentirá un poco de presión.

Cuando el médico aspire la médula, usted sentirá algo que le hala (tira). No se asuste.

Ya salió la aguja.

Le estoy poniendo presión para que no sangre.

Le estoy poniendo una venda (curita) en el lugar de la punción.

Puede sentarse ahora.

La venda (curita) puede quitársela cuando llegue a la casa.

NEEDLE BIOPSY UNDER LOCAL ANESTHESIA

The doctor is going to do a biopsy of your
    liver.
    lung.
    skin.

He will use a special needle to take a small piece of tissue specimen to send to the laboratory for analysis.

He will do the procedure.
    here in your room.
    in a special treatment room.
    in the operating room.

The doctor will give you a shot to deaden the pain in the area from which the tissue sample will be taken.

The shot will sting and burn briefly, then the burning will subside and the area will become numb.

You will not feel any pain, but you will feel pressure when the doctor presses or touches the area.

Once the area becomes numb, the doctor will place the needle quickly through your skin and remove the tissue sample. The area will then be cleansed and a small dressing or plastic bandage (bandaid) applied to the puncture site.

(Liver)
You must
    lie on your left side.
    lie flat in bed. Place your right arm under your head and turn your face to the left.

(Lung)
Are you all right? Do you feel short of breath? Try to relax. The sensation will subside soon. Do you feel any pain? Can you feel the doctor pressing now? You will feel pressure, but you should not feel any pain. Tell me if you do.

Now you will feel a brief jabbing pressure as the doctor places the needle. Do not move.

(Liver, skin)
Has the burning stopped? Do you feel any pain at all? Can you feel it when the doctor presses? You may feel pressure, but you will not feel any pain.

(Lung)
I will raise the head of your bed. You must sit up straight and remain very still while the doctor works.

The doctor will clean the area with a solution which will be cold.

The numbing medicine, will be given now. You will feel a needle stick and some burning. Do not move. The burning will go away soon.

BIOPSIA CON AGUJA BAJO ANESTESIA LOCAL

El médico hará una biopsia de su
hígado
pulmón
piel

Se usará una aguja especial para tomar un pequeño espécimen de tejido y mandarlo al laboratorio para ser analizado.

Este procedimiento se hará
aquí en su cuarto
en un cuarto de tratamiento especial
en el salón de operaciones

El médico le aplicará una inyección para que no sienta dolor en el área de donde se sacará la muestra de tejido.

La inyección va a arder, después la quemazón cederá y el área se adormecerá.

Usted no sentirá dolor, pero sí sentirá presión cuando el médico apriete o toque el área.

Una vez que el área se adormezca, el médico introducirá una aguja en su piel y sacará la muestra de tejido. El área entonces se limpiará y se le pondrá un vendaje pequeño o una venda de plástico en el lugar del pinchazo.
(Hígado, piel)
¿Ha dejado de quemarle? ¿Siente algún dolor? ¿Puede sentir usted cuando el médico aprieta? Usted quizás sienta presión pero no sentirá dolor.
(Pulmón)
¿Se siente bien? ¿Le falta el aire? Trate de relajarse. La sensación se pasará pronto. ¿Siente usted dolor? ¿Puede usted sentir ahora que el médico está apretando? Usted sentirá presión pero no debe sentir dolor. Dígame si tiene dolor.

Ahora usted sentirá la presión de un pinchazo cuando el médico le introduzca la aguja. No se mueva.
(Hígado)
Usted debe
acostarse de lado
acostarse de espaldas. Ponga su mano derecha bajo la cabeza y vire (voltee) la cara hacia la izquierda.
(Pulmón)
Voy a levantar la cabecera de la cama. Usted debe sentarse derecho y mantenerse tranquilo mientras el médico trabaja.

El médico limpiará el área con una solución fría.

La medicina para adormecer el área se le dará ahora. Usted sentirá el pinchazo de una aguja, y después una quemazón. No se mueva.

La quemazón desaparecerá pronto.

Take three deep breaths in and out.

Exhale and hold your breath. Do not move.

Lie very still. Good. Relax, breathe again, relax.

It is all over.

(Lung)
Are you short of breath? Relax, slow deep breaths in and out. That's good. You will be fine. You may cough up some blood, but that is to be expected. Please try not to worry. We will watch you closely and take care of you.

I will hold a tight pressure here for a few minutes before I put a dressing over the puncture site.

Your did very well and it is all over. Now you can just relax.

(Lung)
You must remain very still for four hours.

Leave this ice pack in place until the nurse removes it.

We will leave the head of your bed up to help you breathe easier.

We will give you some oxygen for a short while to help you breathe easier.

The nurse will check you frequently and take your blood pressure and pulse to make sure everything is all right.

We will be back in fifteen minutes.

Call if you have any more shortness of breath or cough up more blood.

You will be fine, so don't worry.

(Liver)
You must lie very still and stay on your right side for four hours.

I will place an ice pack under you to make sure that you do not bleed.

The nurse will tell you when you can change your position.

We will watch you closely and check your blood pressure and pulse frequently.

Later you can turn over, but do not get out of bed until the nurse tells you that you may get up.

I will be back in 15 minutes.

Call if you need anything.

Respire profundo tres veces.

Exhale y no respire. No se mueva.

Esté acostado(a) muy tranquilo(a). Bien. Descanse, respire otra vez. Descanse.

Ya acabamos.

(Pulmón)
¿Le falta el aire? Relájese, respire profundo y despacio. Basta. Usted va a estar bien. Puede que usted tosa con un poco de sangre, pero eso es normal. Por favor no se preocupe. Estaremos al tanto y nos ocuparemos de usted.

Voy a presionarle con fuerza aquí por unos minutos, antes de ponerle el vendaje sobre el lugar del pinchazo.

Usted hizo su parte muy bien y ya terminamos. Ahora puede descansar.

(Pulmón)
Tiene que quedarse muy tranquilo(a) por cuatro horas.

Deje esta bolsa de hielo en ese lugar hasta que la enfermera se la quite.

Vamos a dejar la cabecera de la cama levantada para ayudarlo a respirar más fácilmente.

Vamos a darle un poco de oxígeno por un rato para que usted pueda respirar más fácilmente.

La enfermera lo(a) examinará frecuentemente y le tomará la presión y el pulso para asegurarse de que todo está bien.

Regresaremos en quince minutos.

Llámenos si le vuelve a faltar el aire o si tose con sangre.

Usted va a estar bien, así que no se preocupe.

(Hígado)
Usted debe estar acostado(a), muy tranquilo(a) y debe mantenerse en el lado derecho por cuatro horas.

Voy a ponerle una bolsa de hielo por debajo para asegurarnos que usted no va a sangrar.

La enfermera le dirá cuando puede cambiar de posición.

Lo vamos a observar cuidadosamente y estaremos aquí para tomarle la presión y el pulso a menudo.

Más tarde usted podrá virarse (voltearse), pero no se levante de la cama hasta que la enfermera le diga que puede hacerlo.

Regreso en quince minutos.

Llámeme si necesita cualquier cosa.

(Skin)

We will check on you frequently.

Rest in bed for at least one hour.

Do not get your dressing wet.

Call if you have any problem at all.

Later you may have some tenderness in the
area of the biopsy.

Tell the nurse if you do have pain or tenderness.

We can give you medicine to prevent you from hurting.

Don't worry, you will be fine.

Try to relax and get some rest now.

A nurse will check on you in a short while.

SPINAL TAP

The physician needs a sample of your spinal fluid to be checked in
the lab.

To do this it will be necessary to put a needle into your spine.

You will need to lie on your side.

The physician will instruct you how to assume the proper position.

The physician will inject some local anesthesia before he inserts
the spinal needle. This will keep the procedure from being pain-
ful.

Once the procedure has begun, you will need to lie very still.

When the physician removes the needle you will be asked to lie
flat on your back for one hour.

If medication is put into your spine it will be necessary for you to
lie flat for a period of three hours.

If you should have a headache or nausea after you get home, lie
down flat. If this does not relieve your symptoms, call the clinic.

PROCTOSCOPY

Your physician wants you to have an examination of the lower
colon. This is done with an instrument twelve inches long.

You will be lying on your stomach with knees on the table.

This procedure is a little uncomfortable and will take from five to
ten minutes.

(Piel)

Vendremos a verlo frecuentemente.

Descanse en la cama por lo menos una hora.

No se moje el vendaje.

Llame si se presenta cualquier problema.

Puede que más tarde el área de la biopsia
esté un poco sensible.

Dígale a la enfermera si tiene dolor o sensibilidad.

Podemos darle medicina para que no le duela.

No se preocupe, usted va a estar bien.

Trate de relajarse y descanse ahora.

Una enfermera vendrá a verlo en un rato.

PUNCION LUMBAR

El médico necesita una muestra de su líquido cefaloraquídeo para examinarlo en el laboratorio.

Para hacer eso será necesario poner una aguja en su columna lumbar.

Tendrá que acostarse de lado.

El médico le indicará la posición apropiada en que debe colocarse.

El médico le inyectará anestesia local antes de introducir la aguja para punción lumbar.

Una vez que comience el procedimiento, usted deberá estar muy tranquilo(a).

Cuando el médico saque la aguja le pedirá que se mantenga acostado(a) de espaldas por una hora.

Si se le ha puesto medicamento en la espina dorsal será necesario que usted permanezca acostado(a) por un período de tres horas.

Si a usted le da dolor de cabeza o náuseas cuando llegue a la casa, acuéstese. Si esto no calma sus síntomas, llame a la clínica.

PROCTOSCOPIA (RECTOSIGMOIDOSCOPIA)

Su médico quiere que usted tenga un examen del colon.

Esto se hace con un instrumento de doce pulgadas de largo.

Este procedimiento es un poco incómodo y dura de cinco a diez minutos.

Undress from the waist down and put the sheet around you.

Kneel on the table and bend over.

Brace yourself on your arms.

The doctor is now inserting the instrument into your rectum.

Try to relax and breathe through your mouth. Take slow, deep breaths.

The sharp pain is caused by the instrument going around a curve in your colon.

It shouldn't be much longer now.

The doctor is removing the instrument.

Bear down like you are trying to have a bowel movement. This will expel the air.

The doctor is through now.

Raise up and stand on your knees.

Are you dizzy?

You may stand up and get dressed.

PARACENTESIS/THORACENTESIS

Your physican wants to remove the fluid from your abdomen (chest). It will only be a little uncomfortable and will take about one hour.

Please put this gown on and lie down on the bed (table).

The doctor is cleaning yur skin.

He is now injecting a local anesthetic. It will sting for about twenty seconds but then your shouldn't feel anything else except a little pressure.

The doctor is inserting the needle into your abdomen (chest) to remove the fluid. Try to lie very still.

The doctor is connecting the needle to the tubing. The fluid will collect in this container.

The doctor is removing the needle. I am placing a bandage (bandaid) on you. Please lie on the bed (table) for a little while.

You may get up and get dressed.

Desvístase de la cintura para abajo y póngase esa sábana alrededor.

Arrodíllese en la mesa y agáchese.

Cójase (agárrese) de sus brazos.

El médico está ahora introduciendo el instrumento en el recto.

Trate de relajarse y respire por la boca.

El dolor agudo es causado por el instrumento dando vueltas en el colon.

Ya no debe demorar mucho.

El médico está sacando ahora el instrumento.

Puje (haga fuerza) como si fuera a tener una evacuación (defecación, hacer caca). Eso expulsará el aire.

El médico ha terminado.

Levántese y permanezca arrodillado(a).

¿Está usted mareado(a)?

Puede levantarse y vestirse.

PARACENTESIS/TORACENTESIS

Su médico quiere sacarle el líquido del abdomen (torax). Sólo va a sentirse un poco incómodo y esto durará cerca de una hora.

Por favor, póngase la bata y acuéstese en la cama (mesa).

El médico está limpiándole la piel.

Le está poniendo ahora un anestésico local. Le arderá por unos veinte segundos pero después no sentirá nada, sólo un poco de presión.

El médico le está introduciendo la aguja en el abdomen (torax) para sacar el líquido. Trate de estar muy quieto(a).

El médico está conectando la aguja a los tubos. El líquido se va a recoger en este recipiente.

El médico está sacando la aguja. Estoy poniéndole una venda (curita). Por favor, siga acostado(a) en la cama (mesa) por un rato.

Usted puede levantarse y vestirse.

CHEMOTHERAPY*—GENERAL INFORMATION

Cancer cells are fast growing cells.

Cancer chemotherapy kills fast-growing cells.

There are other fast growing, normal cells in your body. These cells include the hair follicles, the lining of the mouth, the lining of the gastrointestinal tract, the lining of the genitourinary tract, the skin, and the bone marrow.

Cancer chemotherapy cannot distinguish between fast growing cancer cells and fast growing normal cells. This is why you may experience side effects from the medications.

You will be getting your chemotherapy by
  intravenous injection
  intramuscular injection
  subcutaneous injection
  mouth
  intracavity instillation

CHEMOTHERAPY—STAYING CLEAN

It is important to keep yourself as clean as possible.

Brush your teeth after each meal and floss at least once a day.

Shower (bathe) each day.

Wash your anal area with soap and water and pat dry with a towel after each bowel movement.

CHEMOTHERAPY—NUTRITION

Keep up with your fluid intake.

Try to drink one glass of fluid each hour while you are awake.

Although you may not feel like it, it is important to eat.

Cold, bland foods, such as milkshakes and other dairy products, are easy to eat.

You may experience some taste changes while you are on chemotherapy.

Red meat may taste bitter or like cardboard. Try chicken, fish, or cheese.

Check with your doctor or nurse before drinking alcoholic beverages while you are on chemotherapy.

Do not drink alcohol while you are taking chemotherapy.

---

* One of the treatments for cancer.

QUIMIOTERAPIA*—INFORMACION GENERAL

Las células de cáncer crecen rápidamente.

La quimioterapia destruye las células que crecen rápidamente.

Hay otras células en el cuerpo que crecen rápidamente, y son normales. Entre éstas se encuentran los folículos del pelo, el revestimiento de la boca, el revestimiento de la vía genitourinaria, la piel, y la médula de los huesos.

La quimioterapia no puede distinguir entre las células cancerosas de crecimiento rápido y las células normales de crecimiento rápido. Es por eso que es posible tener ciertos efectos secundarios con los medicamentos.

Usted recibirá la quimioterapia por medio de

    inyecciones intravenosas
    inyecciones intramusculares
    inyecciones subcutáneas
    la boca
    instilación en las cavidades

QUIMIOTERAPIA—MANTENERSE LIMPIO

Es importante que usted se mantenga tan limpio como sea posible.

Cepíllese los dientes después de cada comida y use el hilo dental por lo menos una vez al día.

Dese una ducha (báñese) una vez al día.

Después de cada evacuación lávese el área del ano con jabón y agua y séquese suavemente con una toalla.

QUIMIOTERAPIA—NUTRICION

Tome líquidos.

Trate de tomar por lo menos un vaso de líquido cada hora que Ud. esté despierto.

Aunque usted no tenga apetito, es importante que coma.

Comidas frías y blandas, como un batido u otros productos lácteos, son fáciles de comer.

Es posible que usted sienta cambios de sabor mientras recibe la quimioterapia.

Es posible que la carne roja le sepa amarga o que le sepa a cartón. Pruebe con el pollo, el pescado, o el queso.

Pregúntele a su médico o a su enfermera si puede tomar cualquier bebida alcohólica mientras esté recibiendo la quimioterapia.

No consuma bebidas alcohólicas durante el tiempo en que recibe la quimioterapia.

---

* Uno de los tratamientos del cáncer.

CHEMOTHERAPY—PHYSICAL ACTIVITY

It is important to keep a moderate level of activity.

Walking (swimming) is a good exercise.

It is perfectly all right to engage in sexual activity if both partners feel up to it.

A reliable method of birth control must be used throughout the duration of chemotherapy and for eighteen months after the treatment has been completed.

CHEMOTHERAPY—AVOIDING INFECTION AND HEMORRHAGE

After receiving chemotherapy you may be susceptible to infection and bleeding due to destruction of bone marrow cells.

Stay away from people who have colds or flu or sore throats or stomach upsets.

Try to avoid overly large crowds.

Be careful not to cut yourself with knives when preparing meals.

Be careful with tools you use in your workshops.

Be careful when working on your car.

When shaving use an electric razor rather than a straightedged razor.

Use sanitary napkins rather than tampons during menstruation.

Use a deodorant instead of an anti-perspirant. Anti-perspirants block the auxillary sweat glands which may promote infection.

CHEMOTHERAPY—GASTROINTESTINAL TRACT

You may experience loss of appetite. Try eating smaller meals at more frequent intervals. Avoid hot, spicy foods.

You may experience nausea and vomiting. Try drinking carbonated beverages and eating saltine crackers. This pill will help your nausea.

You may experience diarrhea. Try drinking clear liquids. Avoid foods high in roughage such as raw vegetables (like lettuce) and fruits. This pill will help control your diarrhea.

You may experience constipation. Eat foods containing bulk. Increase your fluid intake and activity level. This pill will help your constipation. Do not take an enema or suppository without an okay from your doctor or nurse.

QUIMIOTERAPIA—ACTIVIDAD FISICA

Es importante mantener un nivel moderado de actividad física.

Caminar (la natación) es un buen ejercicio.

Las relaciones sexuales son perfectamente aceptables si la pareja lo desea.

Se debe usar un buen contraceptivo durante el período que dure la quimioterapia y por dieciocho meses después de terminado el tratamiento.

QUIMIOTERAPIA—EVITAR INFECCIONES Y HEMORRAGIAS

Después de recibir la quimioterapia usted puede quedar muy susceptible a las infecciones, ya que el tratamiento destruye las células de la médula de los huesos.

Aléjese de personas con catarros, gripe, dolores de garganta o problemas estomacales.

Evite los grupos grandes de gente.

Cuídese de no cortarse con el cuchillo cuando prepare las comidas.

Tenga cuidado con las herramientas en su taller.

Tenga cuidado cuando esté arreglando su carro.

Cuando se afeite, use una máquina de afeitar eléctrica en vez de afeitarse con cuchilla (navaja).

Durante la menstruación use servilletas sanitarias en vez de tampones.

Use un desodorante que no sea "para no sudar." Estos últimos bloquean las glándulas sudoríficas en las axilas lo que puede causar infecciones.

QUIMIOTERAPIA—APARATO GASTROINTESTINAL

Es posible que usted pierda el apetito. Trate de comer comidas pequeñas más frecuentemente. Evite las comidas picantes y muy condimentadas.

Es posible que usted tenga náuseas y vómitos. Puede tomar bebidas carbonatadas y galletas saladas. Esta pastilla le ayudará con las náuseas.

Es posible que usted tenga diarrea. Tome líquidos. Evite comidas muy fibrosas como los vegetales crudos (la lechuga) y frutas. Esta pastilla le ayudará a controlar la diarrea.

Usted puede estar constipado. Coma alimentos que le hagan bulto. Aumente los líquidos y el nivel de actividad. Esta pastilla va a ayudar la constipación. No se ponga un enema ni un supositorio sin que el médico o la enfermera le digan que puede hacerlo.

CHEMOTHERAPY—EMOTIONS

You may feel very tired, weak, and depressed, when taking chemotherapy.

You may feel elated and euphoric while taking this medication.

It is important for you to talk to your family, friends, and caretakers, in order to discuss how you feel.

CHEMOTHERAPY—SKIN

This medication may cause the pigmentation in your skin to become darker.

This medication may cause a discoloration of your veins.

Please tell me immediately if this medication is hurting or burning you.

This medication may cause a rash and itching. Try cornstarch to stop the itching.

For dry skin use lotion to help your skin get moist.

CHEMOTHERAPY—HAIR LOSS

Some cancer chemotherapy drugs cause partial or complete hair loss.

Applying cold packs to the scalp can minimize hair loss.

In some types of cancer it is best not to use cold therapy to prevent hair loss.   .

Your hair will grow back in approximately three to six months. It may be of a different color and texture than it is now.

Some patients prefer to wear wigs, scarves, hats, or caps during periods of hair loss.

Choose a wig that approximates in color, texture, and fullness, your own hair, prior to the beginning of hair loss.

There are wig shops which specialize in cancer patients receiving chemotherapy. Your insurance should pay for the wig.

Some patients prefer not to wear anything on their heads during periods of hair loss.

The choice is up to you.

QUIMIOTERAPIA—EMOCIONES

Es posible que usted se sienta muy cansado, débil y deprimido mientras recibe la quimioterapia.

Es posible que usted se sienta alegre y eufórico con este tratamiento.

Es importante que usted hable con su familia, sus amigos y los que lo cuidan, para explicarles como usted se siente.

QUIMIOTERAPIA—PIEL

Este medicamento puede causar que la pigmentación de su piel se vuelva más oscura.

Este medicamento puede causar una decoloración en sus venas.

Por favor avise inmediatamente si este medicamento le está causando dolor o ardor.

Este medicamento puede causar una erupción y picazón. Pruebe a aplicarse fécula de maíz para acabar con la picazón.

Si tiene la piel seca use una loción para humedecerla.

QUIMIOTERAPIA—PERDIDA DE PELO

Algunas de las drogas usadas en la quimioterapia pueden causar la pérdida de pelo parcial o total.

Ponerse bolsas frías en el cráneo puede disminuir la pérdida de pelo.

En algunos tipos de cáncer es mejor no usar la terapia fría para impedir la pérdida de pelo.

Su pelo crecerá de nuevo de aquí a tres o seis meses. Puede que crezca de un color y una textura diferentes a los que tiene ahora.

Algunos pacientes prefieren usar pelucas, pañuelos, sombreros, o gorras durante el período de pérdida de pelo.

Escoja una peluca que se asemeje a su propio pelo en el color, la textura y el volumen que tenía antes de que comenzara a caérsele.

Hay tiendas de pelucas que se especializan en atender a pacientes de cáncer que están recibiendo quimioterapia. Su seguro debe pagar por la peluca.

Algunos pacientes prefieren no usar nada en la cabeza durante el tiempo que se les está cayendo el pelo.

Depende de lo que usted quiera hacer.

CHEMOTHERAPY—MISCELLANEOUS

This drug will turn the color of your urine to a reddish color.

This drug will cause numbness and tingling in your hands and feet.

Do not take aspirin or aspirin-containing products while on chemotherapy.

Ask your doctor or nurse before taking any non-prescription medication.

You may receive a blood transfusion if your blood count falls below normal.

CHEMOTHERAPY—REPORTABLE SIDE—EFFECTS

Please inform your phsician or nurse if your experience any of the following side effects:

Elevated temperature (99°F or above).

Rash.

Severe constipation or diarrhea.

Sudden weight loss or gain.

Persistent bleeding from anywhere; bruising.

Unusual, persistent pain, including headache.

Shortness of breath.

Severe and persistent vomiting.

Heart palpitations.

Sore mouth.

Decreased ability to hear.

Numbness or tingling in hands and feet.

Any signs or symptoms of infection or exposure to infection.

QUIMIOTERAPIA—INFORMACION DIVERSA

Esta droga va a cambiar el color de su orina a un color rojizo.

Esta droga va a causarle adormecimiento y hormigueo en las manos y los pies.

No tome aspirinas ni productos que contengan aspirina mientras esté recibiendo la quimioterapia.

Consulte con su médico o enfermera antes de tomar ninguna medicina que no le haya sido recetada.

Es posible que haya que darle una transfusión de sangre si el recuento de glóbulos sanguíneos baja más allá de lo normal.

ONCOLOGIA—QUIMIOTERAPIA—EFECTOS SECUNDARIOS QUE DEBE REPORTAR

Por favor informe a su médico o a su enfermera si usted tiene alguno de estos síntomas:

Temperatura alta (37ºC o más).

Erupción.

Constipación grave o diarrea.

Pérdida o aumento de peso repentino.

Sangrado continuo sin saber cómo ocurrió; morados (moretones) en la piel.

Dolor continuo, no común, incluyendo dolores de cabeza.

Falta de aire.

Vómitos constantes y severos.

Palpitaciones fuertes en el corazón.

Llagas en la boca.

Disminución en la capacidad de oír.

Adormecimiento o cosquilleo en las manos y los pies.

Cualquier señal de infección o de haber estado expuesto a una infección.

RADIOTHERAPY*

Please lie down on the table on your
   stomach.
   back.
   right side.
   left side.

Please sign this treatment permit.

We will put some marks on your skin and take a film. Do not move.

We will turn the lights out but nothing will hurt you.

You will be in the room alone but we will watch you on television.

Do not remove the marks or put anything on or inside the marks.

You may shower but do not scrub in the treatment field.

Treatments are given Monday through Friday.

This prescription is for nausea (diarrhea).

Take this prescription daily as ordered. It is very important.

The treatment is over. You may now get up.

IMMUNOTHERAPY*—BCG
(Bacillus Calmette-Guerin) Scarification

Your physician wants to give you BCG Immunotherapy. BCG is a living TB bacteria which is used on an experimental basis. This is done to boost your immunity to fight the cancer.

We will give it to you in both arms and legs in a clockwise fashion.

I am going to clean your skin with acetone. It will be cold. (Alcohol kills BCG).

I am going to scratch your skin with a needle. This should not cause much pain.

I am going to apply a little of the solution at a time and dry it with the cool setting on the hair dryer. This will take about twenty minutes.

I will apply a dressing over the area. You need to leave it in place and not get it wet for forty-eight hours. After that, you may shower over the area. You may put new tape on it if needed.

---

* One of the treatments for cancer.

RADIOTERAPIA*

Por favor, acuéstese en la cama
   boca abajo
   boca arriba
   sobre el lado derecho
   sobre el lado izquierdo

Por favor firme este consentimiento para el tratamiento

Vamos a ponerle unas marcas en la piel para tomar una foto. No se mueva.

Vamos a apagar las luces pero no se asuste.

Usted estará solo en el cuarto pero nosotros lo observaremos por televisión.

No se quite las marcas ni se ponga nada encima ni dentro de las marcas.

Usted puede darse una ducha (lavarse) pero no se restriegue el área del tratamiento.

Los tratamientos se dan de lunes a viernes.

Esta receta es para las náuseas (la diarrea).

Tome esta medicina a diario como se le ordena. Es muy importante.

Terminamos el tratamiento. Usted puede levantarse ahora.

INMUNOTERAPIA*—ESCARIFICACION BCG
(Bacilo Calmette-Guerin)

Su médico quiere darle inmunoterapia BCG. Se trata de una bacteria de tuberculosis que se usa en forma experimental. Lo hacemos para reforzar su inmunidad contra el cáncer.

Se lo aplicaremos en brazos y piernas siguiendo el sentido en que van las agujas del reloj.

Voy a limpiar su piel con acetona. Sentirá algo frío. (El alcohol destruye el BCG).

Voy a arañar su piel con una aguja. Esto no ha de causarle mucho dolor.

Voy a aplicarle un poco de solución a la vez y se la voy a secar con el secador de pelo con aire fresco. Esto tomará unos veinte minutos.

Voy a aplicar un vendaje en el área. Tiene que dejarlo ahí y no mojarlo por cuarenta y ocho horas. Después de este tiempo podrá darse una ducha (lavarse) en esa área. Si necesita otro esparadrapo puede ponérselo.

---

* Uno de los tratamientos del cáncer.

You need to observe and record any reactions you may have. These may include a flu-like reaction: runny nose, achy feeling, slight sore throat, joint pains and low grade fever.

The reactions usually occur within a week. If they last longer than that, you need to report it to the nurse.

You need to return on _____.

INSERTION OF SUBCLAVIAN CATHETERS

The physician is going to place an I.V. needle into the large vein that enters your heart.

The vein is located under your collar bone.

The doctor will use a medication to numb the area before he inserts the needle.

You will feel the needle stick and then experience some burning which will subside.

As the medication begins to numb the area you will no longer feel pain.

You may feel pressure as the doctor touches you before he inserts the needle.

I will raise the head of the bed.

Remain still.

The area is going to be cleaned off with a cold solution now.

The doctor will give you the anesthetic.

You will feel a needle stick now and some burning.

Relax as the medication starts to work.

Do you feel pain? Pressure?

Be very still as the doctor places the needle.

The needle is in place. The doctor will push a plastic catheter in and remove the needle.

Now the IV catheter will be put into place.

We will cover the insertion site with a dressing.

The procedure is finished.

How do you feel? Are you having any pain?

Debe observar y anotar cualquier reacción que tenga. Puede ser algo como la gripe: nariz que moquea, sensación de dolor en el cuerpo, dolor ligero de garganta, dolores en las articulaciones y fiebre baja.

Las reacciones generalmente duran una semana. Si persisten por más tiempo, usted debe reportarlo a la enfermera.

Usted debe volver el _____.

INSERCION DE CATETER SUBCLAVIO

El médico le pondrá una aguja intravenosa en la vena grande que va al corazón.

La vena está situada bajo la clavícula.

El médico utilizará un medicamento para adormecer el área antes de introducir la aguja.

Usted sentirá que la aguja le pincha y después sentirá quemazón que se irá adormeciendo.

Cuando el medicamento empiece a adormecer el área usted dejará de sentir dolor.

Puede que sienta presión cuando el médico le toque antes de introducir la aguja.

Levantaré la cabecera de la cama.

Manténgase quieto(a).

Se limpiará ahora el área con una solución fría.

El médico le dará el anestésico.

Usted sentirá un pinchazo y quemazón.

Relájese mientras el medicamento empieza a hacer efecto.

¿Siente dolor? ¿Presión?

Esté muy quieto(a) mientras el médico pone la aguja.

La aguja está en su lugar. El médico empujará un catéter plástico y sacará la aguja.

Ahora el catéter intravenoso está en su lugar.

Cubriremos la inserción con un vendaje.

El procedimiento ha terminado.

¿Cómo se siente? ¿Tiene dolor?

Do not pull or tug on your I.V. catheter.

If it starts to hurt or if you accidentally pull it, call for a nurse to check it right away.

The nurses will keep a close watch on it, but if you have any questions or feel something might be wrong, call the nurse.

PHERESIS

Hello. My name is _____. You need to sign this consent form.

Do you need to go to the bathroom?

Have you eaten anything?

At what time did you eat?

Was it a small meal? A big meal?

Please lie down and get comfortable.

Has the procedure been explained?

We will put a needle in each arm

You will feel a stick when the needle is put in.

You shouldn't feel any pain once the needles are in.

Please let me know if you feel any discomfort.

The blood will come from one arm, go into the machine, and go back to you in the other arm.

We will take off just the white cells.

We will take off just the platelets.

We will take your plasma and replace it with new plasma or fluid.

Sometimes you may feel a tingling or vibrating sensation. Let me know if you do.

How do you feel?

Do you feel bad?

Do you feel better?

T.V.?

Movie?

Radio?

No hale ni tire del catéter intravenoso.

Si empieza a dolerle o si usted accidentalmente lo hala, avise a la enfermera inmediatamente para que ella lo revise.

Las enfermeras lo van a vigilar, pero si usted tiene alguna pregunta o cree que algo está mal, llame a la enfermera.

FERESIS

Hola. Me llamo _____. Usted debe firmar esta autorización.

¿Tiene que ir al baño?

¿Ha comido usted algo?

¿A qué hora comió usted?

¿Fue una comida pequeña? ¿Una comida grande?

Por favor acuéstese y póngase cómodo.

¿Le han explicado el procedimiento?

Le vamos a poner una aguja en cada brazo.

Usted va a sentir un pinchazo cuando entre la aguja.

Una vez que las agujas estén dentro usted no sentirá ningún dolor.

Por favor avíseme si está molesto.

La sangre vendrá de un brazo, entrará a la máquina, y volverá a usted por el otro brazo.

Solamente quitaremos los glóbulos blancos.

Solamente eliminaremos las plaquetas.

Quitaremos el plasma y lo reemplazaremos con otro plasma o con líquido.

Puede que a veces sienta un cosquilleo o una sensación de vibración. Avíseme si es así.

¿Cómo se siente?

¿Se siente mal?

¿Se siente mejor?

¿Quiere usted ver televisión?

¿Quiere usted ver una película?

¿Quiere usted oír la radio?

This procedure will take one hour (two hours, three hours).

Do not bend your elbows.

Let me know if your arms get tired; I will help you turn them.

I will take the needle out.

Leave this bandage on for two hours (four hours, six hours).

Is this too tight?

Loosen this if it gets too tight.

It sticks to itself.

Please sit up.

Please stand up.

Thank you.

You are scheduled again on _____.

Please take the gum out of your mouth.

You may eat after the pheresis.

Are you allergic to any medicine?

Where do you hurt?

Breathe slow.

Breathe deep.

Open your eyes.

I'll take your temperature (pulse, blood pressure).

Do you speak any English?

What is your phone number?

URINARY CATHETERIZATION

I must insert a tube into your bladder to drain off the urine
because
    you are unable to pass out your urine properly

    your urine must be collected and measured carefully

    you cannot get out of bed

    you will be having surgery

Este procedimiento durará una hora (tres horas).

No doble los codos.

Avíseme si se le cansan los brazos; le ayudaré a virarlos (cambiarlos de posición).

Voy a sacar la aguja.

Deje ese vendaje puesto por dos horas (cuatro horas, seis horas).

¿Está demasiado apretado?

Suéltelo un poco si le aprieta.
Se pega solo.

Siéntese, por favor.

Párese.

Gracias.

Tiene una cita el día _____.

Por favor, sáquese el chicle de la boca.

Puede comer después de la feresis.

¿Es usted alérgico a alguna medicina?

¿Dónde le duele?

Respire despacio.

Respire profundo.

Abra los ojos.

(Voy a tomarle la temperatura (la sangre, la presión).

¿Habla usted un poco de inglés?

¿Cuál es su número de teléfono?

CATETERIZACION URINARIA

Tengo que introducir un tubo en su vegija para drenar la orina porque

    usted no puede orinar correctamente

    hay que recoger y medir su orina cuidadosamente

    usted no puede levantarse de la cama

    lo van a operar

you will be given some medication which will make you put out much more urine.

you are so weak and you have lost your bladder control; if you remain wet a lot, the urine could damage your skin and cause sores to form.

your urine must be collected for tests.

There will be some discomfort as the tube is inserted, but try to remain relaxed by taking slow deep breaths in and out through your mouth.

You may feel as if you need to urinate. This is a usual feeling, so don't try to hold your urine back. Just relax.

(Female)

You must bend your knees up and spread your legs apart.

Lift your hips and I will place a towel under you.

Stay in this position and try not to move.

I am covering you with sterile towels. Please do not touch them.

Now, I am going to clean you off, and the solution will be cold.

I will insert the tube into your urethra now.

Take slow, deep breaths in and out.

Relax.

(Male)

Lie flat in the bed with your legs straight out.

Try to relax.

I will place sterile towels over your thighs, and under your penis.

Please do not touch them.

Now I am going to take hold of your penis and clean it off with a solution which will be cold.

Try to relax. Take slow deep breaths in and out through your mouth.

I am going to insert the tube into your urethra now.

Relax. Deep breaths in and out.

Does it hurt or just feel uncomfortable?

Are you feeling all right?

You will feel discomfort, and you may feel the need to urinate.

That's all right, the feeling is caused by the tube.

The tube is in your bladder now, and the urine will drain off automatically.

le van a dar una medicina que lo hará orinar mucho más si se queda mojado mucho tiempo, la orina puede dañarle la piel y causarle llagas.

usted está muy débil y ha perdido el control de la vegija.

hay que recoger la orina para hacerle pruebas.

Tendrá un poco de malestar cuando se le introduzca el tubo, pero trate de mantenerse relajado respirando despacio y profundo por la boca.

Quizás sienta que tiene que orinar. Es una sensación normal. No trate de aguantar la orina. Sólo relájese.

(A una mujer)

Debe doblar las rodillas y abrir las piernas.

Levante las caderas y le pondré unas toallas por abajo.

Quédese en esa posición y trate de no moverse.

La estoy cubriendo con toallas esterilizadas. Por favor, no las toque.

Ahora voy a limpiarla y la solución es fría.

Voy a introducir ahora el tubo en su uretra.

Respire despacio y profundo.

Descanse.

(A un hombre)

Acuéstese derecho en la cama con las piernas extendidas.

Trate de relajarse.

Voy a poner toallas esterilizadas sobre sus muslos y bajo su pene.

Por favor, no las toque.

Ahora voy a tomar su pene y lo voy a limpiar con una solución fría.

Trate de relajarse. Respire despacio y profundo por la boca.

Voy a introducirle el tubo por la uretra ahora.

Descanse. Respire profundo.

¿Le duele o es solamente una molestia?

¿Se siente bien?

Usted sentirá un poco de molestia y quizás sienta el deseo de orinar.

Eso es normal, la sensación es causada por el tubo.

El tubo está en la vejiga ahora, y la orina drenará automáticamente.

I will strap the tube to your leg so that it does not pull on your meatus.

Now I will clean you up.

(Female)

Straighten your legs, just relax and make yourself comfortable.

(Male)

Just relax now and make yourself comfortable.

The tube is in place now, so do not pull or tug on it at all.

You may still feel as if you need to urinate. That feeling is caused by the tube.

Just relax and don't try to hold your urine back.

The catheter will drain the urine out of your bladder into this bag so that you will not soil your bed.

If the catheter bothers you too much, do not touch it or pull on it. Call the nurse to help you.

If your bladder feels full, or your abdomen seems to swell up right here, be sure to call the nurse.

The nurses will check your catheter regularly, and empty the urine out of the bag.

If you have any questions or want to get out of bed, call the nurse in to help you.

INSERTION OF NGT (NASOGASTRIC TUBE)

The doctor wants a tube placed in your stomach because

fluid and gases are building up in your gastrointestinal tract (stomach and bowels)

you are vomiting too much

you are unable to eat and drink enough

we need to run some tests on your stomach contents

your stomach is bleeding

there is a blockage somewhere in your stomach or bowels

That means that I will have to pass a tube through your nose, down your throat, and into your stomach.

Voy a amarrar el tubo a su pierna para que no le hale en el orificio.

Ahora voy a limpiarlo.

(A una mujer)

Enderece las piernas, relájese y póngase cómoda.

(A un hombre)

Ahora relájese y póngase cómodo.

El tubo está ahora en su lugar. No lo hale ni tire de él.

Puede que todavía sienta como si tuviera necesidad de orinar. Esa sensación es causada por el tubo.

Descanse y no trate de aguantar la orina.

El catéter drenará la orina de su vejiga en esta bolsa para que usted no ensucie la cama.

Si el catéter le molesta mucho, no lo toque ni lo hale. Llame a la enfermera para que le ayude.

Si su vejiga se siente llena, o si su abdomen se incha, no deje de llamar a la enfermera.

Las enfermeras van a revisar su catéter periódicamente y van a sacar la orina de la bolsa.

Si tiene cualquier pregunta o si quiere salir de la cama, llame a la enfermera para que le ayude.

INSERCION DEL TUBO NASOGASTRICO

El médico quiere que se le ponga un tubo en el estómago porque

se le están acumulando líquidos y gases en su aparato gastrointestinal (el estómago y los intestinos).

usted está vomitando mucho.

usted tiene dificultad para comer o beber

tenemos que examinar el contenido de su estómago

su estómago está sangrando

hay una obstrucción en alguna parte del estómago o intestino

Eso significa que le tengo que introducir un tubo por la nariz, pasarlo por la garganta y llevarlo hasta el estómago.

This will be uncomfortable at first, and will probably make you gag. This is a normal reflex when something touches the back of your throat.

You must swallow when I tell you to swallow and breathe through your mouth.

This will help the tube to pass down easier.

I will also give you sips of water through a straw to help you swallow the tube.

Now I will raise the head of your bed and measure the length of the tube.

There is a lubricant on the tube to help it pass easier, but it will be cool.

Lift your head a little. Here is your water: take a sip and try to relax. Swallow.

I will pass the tube through your nose.

Take a few breaths in and out through your mouth and relax.

Now, take a sip of water and swallow. I will push the tube a little further as you swallow. Good. Breathe and relax.

Now again, sip and swallow.

Very good. Relax; take slow deep breaths in and out through your mouth.

Once more. Sip, swallow, breathe and relax.

The tube should be in place; just let me check to make certain.

Fine, it is right where it should be. Now I will secure it so that it will not slip out.

You did very well, thank you for cooperating. I know it is extremely uncomfortable.

You will feel the tube at the back of your throat when you swallow. After a while it will not be so uncomfortable.

Please do not pull on the tube.

If it becomes too bothersome, or makes your throat sore, call the nurse. We can get you something to soothe your throat.

You may

　　not eat or drink anything

　　have a few ice chips to keep your mouth moist

　　eat and drink as much as you like; the tube is for additional feedings

　　have juices and water only when the nurse tells you that it is all right to do so

Será incómodo al principio y probablemente le dé náuseas (arqueadas). Eso es un reflejo normal que ocurre cuando algo toca la parte de atrás de la garganta.

Debe tragar cuando se lo indique y debe respirar por la boca.

Esto ayudará a que el tubo pase más rápidamente.

También le daré sorbos de agua con una pajita (popote, popillo) para ayudarlo a tragar el tubo.

Ahora voy a levantar la cabecera de la cama para medir el largo del tubo.

El tubo tiene un lubricante para hacerlo pasar más fácilmente, por lo tanto lo sentirá frío.

Levante la cabeza un poquito. Aquí está el agua: tome un poquito y trate de descansar. Trague.

Voy a pasar el tubo por la nariz.

Respire varias veces por la boca y descanse.

Ahora, tome un sorbo de agua y trague. Voy a empujar el tubo un poco más mientras usted traga. Bien. Respire y trague. Ahora otra vez, tome un sorbo y trague.

Otra vez, tome un sorbo y trague.

Muy bien. Descanse; respire despacio y profundo por la boca.

Otra vez. Tome un sorbo, trague, respire y descanse.

El tubo debe de estar en su lugar; deje asegurarme.

Bien, está donde debe estar. Ahora voy a asegurarlo para que no se salga.

Usted hizo todo muy bien, gracias por cooperar. Yo sé que esto es muy incómodo.

Usted sentirá el tubo en el fondo de la garganta cuando trague. Después de un rato no será tan incómodo.

Por favor, no hale el tubo.

Si le molesta mucho o le duele la garganta, llame a la enfermera. Podemos darle algo para aliviar la garganta.

Usted

    no puede comer ni tomar nada

    puede comer pedacitos de hielo para humedecer la boca

    puede comer y beber todo lo que quiera; el tubo es para su alimentación adicional

    puede tomar jugos y agua solamente cuando la enfermera le indique que puede hacerlo.

Your stomach should feel better soon. A great amount of the pressure will be relieved by the tube.

If you become nauseated, call the nurse. She will check the tube. It could be stopped up.

Just relax and try to rest now. You will feel much better in a few minutes.

I will check on you in fifteen minutes.

Call if you need anything before then.

ISOLATION

The doctors have found that you have an infection and that it can be spread to others.

The germs are in

    your wound and drainage.
    your lungs and sputum.
    your blood stream.
    your urine.
    your stool.
    drainage and secretions.

To prevent anyone else from getting the infection, you must be placed in isolation.

We must close your doors at all times.

We must limit your visitors, the fewer the better.

You will not be able to have flowers or plants in your room since they help to spread germs.

Do not let anyone eat or drink while in your room.

Do not let anyone sit on your bed.

Avoid hugging or kissing anyone.

Any item brought into the room must remain there until the nurse removes it.

Anyone who comes into your room must wear a gown a mask a pair of gloves.

Don't let anyone into your room without these items. You'll be protecting them, all the other patients in the hospital, and anyone else they may come in contact with later.

Su estómago se sentirá mejor pronto. El tubo aliviará gran parte de la presión.

Si le dan náuseas, llame a la enfermera. Ella revisará el tubo. Puede que esté bloqueado.

Relájese y trate de descansar ahora. Se sentirá mucho mejor en unos minutos.

Vengo a ver como sigue en quince minutos.

Llame si necesita algo antes.

AISLAMIENTO

Los médicos han encontrado que usted tiene una infección que puede contagiar a otros.

Sus gérmenes están en
   la herida y el drenaje.
   los pulmones y el esputo.
   la sangre.
   la orina.
   la defecación (la caca).
   el drenaje y las secreciones.

Para no contagiar a más nadie hay que ponerlo a usted en aislamiento.

Tenemos que mantener la puerta cerrada.

Tenemos que limitar las visitas, mientras menos, mejor.

No podrá tener flores ni plantas en su cuarto porque éstas ayudan a esparcir los gérmenes.

No deje que nadie coma ni beba en su cuarto.

No deje que nadie se siente en su cama.

Evite besar o abrazar a nadie.

Cualquier objeto que se traiga al cuarto tiene que quedarse ahí hasta que la enfermera lo saque.

Cualquiera que entre a su cuarto tendrá que llevar puesta una bata (una careta, un par de guantes).

No permita que nadie entre sin esos artículos. Usted los estará protegiendo a ellos, a los demás pacientes del hospital y a cualquier persona con quien ellos traten después.

Anyone who wants to visit you must check in at the nurses' desk before entering.

When your visitors are ready to leave, they must wash their hands well and leave their gowns, mask and gloves in this receptacle. They must not take them outside of the room.

Visitors must check with the nurse before they leave.

You must be very careful to wash your hands before and after using the rest room.

You must always wash your hands before you eat.

If you are coughing and sneezing, always use tissues and dispose of them here. Wash your hands frequently.

If your wound is draining, do not touch it. Call the nurse and she will take care of it. Always wash your hands thoroughly if you happen to touch your wound or the drainage from your wound.

It won't be easy for you to be in isolation. It will only be until your infection can no longer be spread to anyone else.

The doctors are giving you medication to fight the infection. As soon as possible we will take you out of isolation.

Do not hesitate to call the nurses' desk for anything you may need.

Remember we are working together to get you well and keep you well.

PROTECTIVE REVERSE ISOLATION

Your white blood cell count is too low because of the chemotherapy treatments that you have been taking during the disease.

Your body's defenses to fight infections are very weak, and you could easily get sick.

To protect you from infections, and to prevent people from spreading germs to you, you must be placed in protective isolation.

To keep others from giving you a cold or sore throat or virus or any other kind of infection, we must close your door at all times.

You must remain in your room.

You cannot have flowers or plants in your room —they help to spread germs.

Cualquiera que venga a visitarlo tiene que pasar primero por la estación de enfermeras antes de entrar.

Cuando su visita vaya a salir tendrá que lavarse las manos muy bien y dejar la bata, la careta y los guantes en este depósito. No pueden sacarlos del cuarto.

La visita tiene que avisarle a la enfermera antes de salir.

Usted tiene que asegurarse de lavarse las manos antes y después de usar el baño.

Siempre tiene que lavarse las manos antes de comer.

Si está tosiendo y estornudando, use siempre pañuelos desechables y deposítelos aquí. Lávese las manos frecuentemente.

Si su herida está drenando, no se la toque. Llame a la enfermera y ella lo atenderá. Siempre lávese las manos bien si usted llega a tocar la herida o el drenaje de la herida.

No va a ser fácil para usted estar en aislamiento. Será solamente hasta que la herida deje de ser contagiosa.

Los médicos le están dando medicinas para vencer la infección. Tan pronto como sea posible lo sacaremos del aislamiento.

No deje de llamar a la estación de enfermeras para cualquier cosa que necesite.

Recuerde que estamos trabajando juntos para ponerlo y mantenerlo bien.

AISLAMIENTO PROTECTIVO REVERSO

Su número de glóbulos blancos está muy bajo debido a los tratamientos de quimioterapia que usted ha estado recibiendo durante la enfermedad.

Las defensas de su cuerpo para vencer enfermedades están muy bajas y usted puede enfermarse muy fácilmente.

Para protegerlo de infecciones y para prevenir que usted coja gérmenes de otras personas, a usted se le debe poner en aislamiento protectivo.

Para que otros no le vayan a pegar catarro, dolor de garganta, un virus, o cualquier otro tipo de infección, nosotros tendremos que mantener la puerta cerrada.

Usted tiene que quedarse en su cuarto.

No puede tener flores ni plantas en su cuarto —éstas ayudan a esparcir los gérmenes.

We must limit the number of visitors that you have.

Avoid hugging and kissing anyone, and do not let them sit on your bed.

Anyone who wants to visit you must first check in at the nurses' desk.

Everyone who comes into your room must do four things before entering:

> Wash their hands thoroughly.
>
> Put on a gown and tie it securely.
>
> Put on a mask to cover both mouth and nose and tie it securely.
>
> Put on a pair of gloves.

It is part of your job to make sure everyone does this.

We are all working together to get you well and keep you well.

If you have any problem reminding people to do all that, you simply call the desk and have a nurse come down to help you.

Besides all this, you must be careful not to give yourself an infection.

Wash your hands thoroughly and frequently, especially before and after you use the restroom and always before you eat.

Be very careful to keep your rectum and genital area clean. Wash with soap and water every time you use the restroom. If you notice anything unusual be sure to tell the nurse to check you.

Brush your teeth well after each meal and before you go to bed.

Rinse your mouth thoroughly with

> mouth wash.
> salt water.
> peroxide and water half and half.
> baking soda and water.

Try not to scrape your gums while you are brushing your teeth.

If you notice any sores or bleeding, tell the nurse right away.

You will be in isolation only until your defenses are stronger.

As soon as you are able the doctors will let us take you out of isolation.

If you have questions, or just need some company, call the desk.

Vamos a tener que limitarle la cantidad de visitas.

No abrace ni bese a nadie, y no deje que se le sienten en la cama.

Cualquiera que lo visite tiene que pasar primero por la estación de enfermeras.

Cualquiera que entre a su cuarto debe hacer cuatro cosas antes de entrar:

> Lavarse las manos muy bien.
>
> Ponerse una bata y atársela.
> Ponerse una careta para cubrirse la boca y la nariz y atársela bien.
> Ponerse un par de guantes.

El trabajo suyo es asegurarse de que todo el mundo haga eso.

Aquí estamos trabajando todos juntos para que usted siga y se ponga bien.

Si tiene alguna dificultad en recordarle a la gente que tiene que hacer todo eso, usted simplemente llama a la estación de enfermeras y una de ellas vendrá a ayudarlo.

Aparte, usted tiene que tener cuidado de no darse a sí mismo una infección.

Lávese las manos bien y frecuentemente, especialmente antes y después de usar el baño y siempre antes de comer.

Asegúrese de mantener bien limpios el recto y los genitales. Lávese con agua y jabón cada vez que vaya al baño. Si usted nota algo extraño avise a la enfermera para que lo examine.

Lávese los dientes bien después de cada comida y antes de ir a dormir.

Enjuáguese la boca bien con.

> enjuague bucal.
> agua salada.
> agua oxigenada y agua —mitad de cada una.
> bicarbonato de soda y agua.

Trate de no arañarse las encías cuando se cepille los dientes.

Si nota que tiene llagas o que sangra, avísele en seguida a la enfermera.

Usted estará en aislamiento solamente hasta que sus defensas se fortalezcan.

En cuanto esté en condiciones, los médicos nos dejarán sacarlo del aislamiento.

Si tiene alguna pregunta o si simplemente quiere la compañía de alguien, llame a la estación de enfermeras.

It may take your nurse a little longer to get into the room since she has to put on the gown, mask, and gloves after washing her hands.

Let her know all she can do for you while she is there and everything that you need.

Let her know if she can get you books or magazines, cards, games, or anything else.

Do not hesitate to call for anything.

The nurses will help you as much as they can.

TALKING TO RELATIVES OF PATIENTS

Do you want private duty nurses?

We will (you may) arrange for private duty nurses.

The physician says he (she) needs private duty nurses.

Private duty nurses are provided through agencies.

Does your insurance cover the costs of private duty nurses?

He (she) will be in the Intensive Care Unit (Coronary Care Unit, Burn Unit, Special Care, Isolation Unit, Life Island).

You will need to wash your hands before and after entering and leaving the room.

You must wear gown (mask, gloves).

Remove your gown inside (outside) the room.

He (she) is in respiratory, (skin wound, strict, protective) isolation.

You may (may not) eat in the room.

We will notify you if his (her) condition changes.

PHRASES OF COMFORT FOR RELATIVES

You need to come. His (her) condition is much worse.

He (she) is not conscious.

He (she) is asking for you.

Acuérdese que puede que le demore un poco más tiempo a la enfermera entrar al cuarto ya que tiene que ponerse la bata, la careta y los guantes después de lavarse las manos.

Mientras ella esté en el cuarto dígale todo lo que ella pueda hacer por usted y todo lo que usted necesita.

Dígale si puede conseguirle libros o revistas, cartas (barajas), juegos, o cualquier otra cosa.

No deje de llamar si podemos servirle en algo.

Las enfermeras le ayudarán en todo lo que sea posible.

HABLANDO A LOS FAMILIARES

¿Quiere usted enfermeras privadas?

Nosotros haremos los arreglos (usted hará los arreglos) para que tenga una enfermera privada.

El médico dice que él (ella) necesita una enfermera privada.

Las enfermeras privadas se consiguen por agencias.

¿Su seguro cubre el costo de enfermeras privadas?

El (ella) estará en la Unidad de Cuidado Intensivo (Unidad de Cuidado Coronario, Pabellón de Quemados, Pabellón de Cuidado Especial, Pabellón de Aislamiento, Isla de Vida).

Tendrá que lavarse las manos antes y después de salir del cuarto.

Tiene que usar una bata (careta, guantes).

Quítese la bata dentro (fuera) del cuarto.

El (ella) está en aislamiento respiratorio (aislamiento por herida, aislamiento estricto, aislamiento protectivo).

Usted puede (no puede comer) en el cuarto.

Le avisaremos si su estado cambia.

FRASES DE CONSUELO PARA LOS PARIENTES

Usted debe venir. El estado de él (ella) ha empeorado.

El (ella) está inconsciente.

El (ella) pregunta por usted.

Do you want him (her) resucitated?

Do you know what resucitation is?

This may mean that he (she) is maintained on life support machines for an indefinite period of time.

I'm sorry. I would like to help you.

This should help you relax.

I will stay with you for a while.

The Lord will not give you any more than you are able to bear.

I am sorry but your relative died at _____. The family is staying at _____

Do you need help from a social worker?

Can I make some phone calls for you? Your priest (rabbi, minister, husband, wife, children, father, mother, son, daughter)?

Can I bring you something?

Would you like to see her (him) before you leave?

We will pack your belongings for you.

The staff also regrets your loss.

How may we contact you if necessary?

These are papers for you to sign to release his (hers) body to the funeral home.

We must notify the medical examiner.

Would you consent to an autopsy?

Only husband (wife, children) may sign for an autopsy.

You will receive reports from the autopsy findings within three to six months.

What funeral home do you want us to call?

You will be more comfortable in the conference room (chapel, nurses' lounge). I will take you there.

Everything is in order and you may leave when you are ready.

¿Quiere que lo (la) resuciten?

¿Usted entiende lo que es la resucitación?

Esto puede significar que él (ella) será sostenido(a) con máquinas por un tiempo indefinido.

Lo siento. Me gustaría ayudarlo(a).

Esto le ayudará a descansar.

Me quedaré con usted por un tiempo.

Dios no le hará sufrir más que lo que usted puede soportar.

Lo siento, pero su pariente murió a las _____. La familia está hospedada en _____.

¿Necesita usted la ayuda de una trabajadora social?

¿Quiere que le haga algunas llamadas por teléfono? El cura (el rabino, el ministro, su esposo, su esposa, sus hijos, su padre, su madre, su hijo, su hija).

¿Quiere que le traiga algo?

¿Quisiera verlo(a) antes de irse?

Vamos a empacar sus pertenencias.

Todos los que trabajamos aquí lo(a) acompañamos en sus sentimientos.

¿Cómo podemos ponernos en contacto con usted si es necesario?

Usted tiene que firmar unos papeles para autorizar que se lleve el cuerpo a la funeraria.

Tenemos que avisar al legista (patólogo).

¿Consentiría usted a que se hiciera una autopsia?

Sólo el esposo (la esposa, los hijos), puede(n) firmar para que se haga la autopsia.

Usted recibirá reportes de los resultados de la autopsia entre tres y seis meses.

¿A qué funeraria quiere usted que llamemos?

Usted estará más cómodo en el salón de conferencias (capilla, salón de enfermeras). Lo(a) llevaré ahí.

Todo está en orden y usted puede irse cuando termine.

OPTIONAL EXERCISE

Write an essay in which you educate the patient about cancer and you list all the procedures available in your hospital to help control the disease. Explain to the patient where your hospital stands among all the institutions that are working to help people who are suffering with it.

_____
_____
_____
_____
_____
_____
_____
_____
_____
_____
_____
_____
_____
_____
_____
_____
_____
_____
_____
_____
_____

EJERCICIO OPCIONAL

Escriba un ensayo en el que Ud. instruye al (a la) paciente sobre el cáncer y en el que Ud. enumera todos los procedimientos que su hospital utiliza para ayudar a controlar la enfermedad. Explíquele al (a la) paciente el lugar que a su hospital le corresponde entre todas las instituciones que están trabajando para ayudar a las personas que sufren de ese mal.

_____

_____

_____

_____

_____

_____

_____

_____

_____

_____

_____

_____

_____

_____

_____

_____

_____

_____

_____

_____

_____

_____

_____

_____

_____

Appendix A USEFUL EXPRESSIONS

Yes?

What is the matter?

Listen, Sir, (Ma'am), (Miss).

What can I do for you?

Speak slowly, please.

Pardon me, I speak very little Spanish.

Write it, please

Answer only the questions.

Be very brief.

I am very sorry.

Just one moment.

Can I help?

We are here to help you get well.

I will do all I can.

Don't be afraid.

We will take care of it.

The blanket is here.

The pillow is over there.

Turn over to your side.

I'll be right back.

Do you speak a little English?

I think so.

I don't think so.

You look good today.

Do you feel better?

Thank you.

You're welcome.

You are very kind (nice).

Stay well.

Hope you feel better.

Apéndice A EXPRESIONES UTILES

¿Dígame?

¿Qué pasa?

Oiga, señor, (señora), (señorita).

¿En qué puedo servirle?

Hable despacio, por favor.

Perdone, yo hablo muy poco español.

Escríbalo por favor.

Conteste solamente las preguntas.

Sea muy breve.

Lo siento mucho.

Un momento.

¿Puedo ayudarlo(a)?

Estamos aquí para ayudarlo(a) a que se recupere.

Haré todo lo posible.

No tenga miedo.

Nosotros nos encargamos de eso.

La frazada (cobija) está aquí.

La almohada está allá.

Póngase de lado.

Venga ahora (en seguida).

¿Habla Ud. un poquito de inglés?

Creo que sí.

Creo que no.

Ud. se ve muy bien hoy.

¿Se siente mejor?

Gracias.

De nada

Ud. es muy amable.

¡Que siga bien!

¡Que se mejore!

Appendix B   GREETINGS AND VISITORS

Hello! How are you?

How is it going?
   Fine
   So-so
   Very well
   Badly

How are you feeling?
   Better
   A little better
   Much better

Your friends (relatives) are here to see you.

They are waiting for you.
   mother
   father
   daughter
   son
   brother
   sister
   wife
   husband
   grandmother
   grandfather
   grandson
   granddaughter
   great-grandson
   great-grandaughter
   son-in-law
   daughter-in-law
   mother-in-law
   father-in-law
   brother-in-law
   sister-in-law
   stepfather
   stepmother

Apéndice B SALUDOS Y VISITAS

¡Hola! ¿Qué tal? ¿Cómo está Ud.?
¿Cómo le va?
Bien
Regular
Muy bien
Mal
¿Cómo se siente?
    Mejor
    Un poquito mejor
    Mucho mejor
Sus amigos (parientes) están aquí para verlo (han venido a verlo)
Están esperándolo
    La madre
    El padre
    La hija
    El hijo
    El hermano
    La hermana
    La esposa
    El esposo (marido)
    La abuela
    El abuelo
    El nieto
    La nieta
    El bisnieto
    La bisnieta
    El yerno
    La nuera
    La suegra
    El suegro
    El cuñado
    La cuñada
    El padrastro
    La madrastra

stepdaughter
stepson
uncle
aunt
cousin
first cousin
nephew
niece
children
twins

(Nouns that are feminine end in an "a" or if they don't, they refer to female beings; nouns that are masculine end in an "o" or else they refer to male beings: hijo, hija, madre, padre).

La hijastra
El hijastro
El tío
La tía
El primo
El primo hermano(a)
El sobrino
La sobrina
Los niños
Los jimaguas (gemelos)

Appendix C COLORS AND FEELINGS

How do you feel?
I am touched (moved)
I am sad
I am tired
I am happy
I am bored
I am nervous
I am scared
I am upset
I am sleepy
I am hungry
I am thirsty
I am cold
I am hot (warm)
I am lonely
I am angry

brilliant
opaque
transparent
light
dark
silver
gold
red
blue
green
yellow
black
white
gray
brown
orange
beige
purple
lavender
violet
pink

Apendice C COLORES Y EMOCIONES

¿Cómo se siente Ud.?
Estoy emocionado(a)
Estoy triste
Estoy cansado(a)
Estoy contento(a)
Estoy aburrido(a)
Estoy nervioso(a)
Estoy asustado(a) (Tengo miedo)
Estoy disgustado(a)
Tengo sueño
Tengo hambre
Tengo sed
Tengo frío
Tengo calor
Me siento solo(a)
Estoy enojado(a)

brillante
opaco
transparente
claro
oscuro
plateado
dorado
rojo
azul
verde
amarillo
negro
blanco
gris
marrón, pardo, café, carmelita
anaranjado, naranja
beige
morado
lavanda
violeta
rosado

Appendix D THE WEATHER, THE SEASONS, AND THE TIME

How is the weather?

It's a pretty day.
It's sunny.
It's raining.
It's cool.
It's cold.
It's hot.
It's humid.
It's windy.
It's cloudy.

Spring
Summer
Fall
Winter

It's late
It's early
I'm behind
I'm early

Now
Today
Tomorrow
Tomorrow morning

Afternoon
Night (evening)
Last night
Yesterday
Day before yesterday
Day after tomorrow
Tomorrow morning

Apéndice D EL TIEMPO (CLIMA), LAS ESTACIONES Y LA HORA

¿Cómo está el tiempo?
Es un día bonito.
Hace sol.
Está lloviendo.
Hace fresco.
Hace frío
Hace calor.
Hay humedad.
Hay viento.
Está nublado.

La primavera
El verano
El otoño
El invierno

Es tarde
Es temprano
Estoy atrasado(a)
Estoy adelantado(a)

Ahora
Hoy
Mañana
Mañana por la mañana

Tarde
Noche
Anoche
Ayer
Antes de ayer
Pasado mañana
Mañana por la mañana

What time is it?

    It's one o'clock.

    It's two o' clock.

    It's three-thirty.

    It's four fifteen.

    It's a quarter after five.

    It's five forty-five.

    It's a quarter to seven.

    It's twenty to seven.

    It's midnight.

    It's noon.

Every two hours.

From time to time.

Each day

Two hours ago

¿Qué hora es?

Es la una.

Son las dos.

Son las tres y media.

Son las cuatro y quince.

Son las cinco y cuarto.

Son las cinco y cuarenta y cinco.

Son las siete menos cuarto.

Faltan veinte para las siete (son las siete menos veinte).

Es la medianoche

Es el mediodía

Cada dos horas

De vez en cuando

Cada día

Hace dos horas

Appendix E   DAY OF THE WEEK AND MONTHS
OF THE YEAR

What's the day?
  Sunday
  Monday
  Tuesday
  Wednesday
  Thursday
  Friday
  Saturday

What month are we on?
  January
  February
  March
  April
  May
  June
  July
  August
  September
  October
  November
  December

Neither the days of the week nor the months of
the year are capitalized in Spanish.

Apéndice E   LOS DIAS DE LA SEMANA Y
LOS MESES DEL AÑO

¿Qué día es hoy?
  domingo
  lunes
  martes
  miércoles
  jueves
  viernes
  sábado
¿En qué mes estamos?
  enero
  febrero
  marzo
  abril
  mayo
  junio
  julio
  agosto
  septiembre (setiembre)
  octubre
  noviembre
  diciembre

Appendix F ORDINAL AND CARDINAL NUMBERS

first

second

third

fourth

fifth

sixth

seventh

eight

ninth

tenth

eleventh

twelfth

thirteenth

twentieth

twenty-first

zero

one

two

three

four

five

six

seven

eight

nine

ten

eleven

twelve

thirteen

fourteen

Apéndice F NUMEROS ORDINALES Y CARDINALES

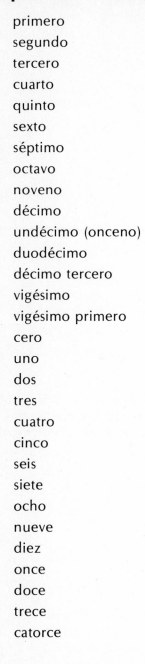

primero

segundo

tercero

cuarto

quinto

sexto

séptimo

octavo

noveno

décimo

undécimo (onceno)

duodécimo

décimo tercero

vigésimo

vigésimo primero

cero

uno

dos

tres

cuatro

cinco

seis

siete

ocho

nueve

diez

once

doce

trece

catorce

fifteen

sixteen

seventeen

eighteen

ninteen

twenty

twenty-one

thirty

forty

fifty

sixty

seventy

eighty

ninety

one hundred

one hundred and one

two hundred

one thousand

one million

The numbers from 16 through twenty-nine may be written in Spanish as one word: dieciséis, diecisiete, dieciocho, diecinueve, veinte, veintiuno, veintidós, veintitrés, veinticuatro, veinticinco, veintiséis, veintisiete, veintiocho, veintinueve.

quince
diez y seis
diez y siete
diez y ocho
diez y nueve
veinte
veinte y uno
treinta
cuarenta
cincuenta
sesenta
setenta
ochenta
noventa
cien
ciento uno
doscientos
mil
un millón

Change *uno* to *un* before a masculine noun; *Aquí hay treinta y un cuartos.*

Appendix G SOME OF THE SPECIALISTS

anesthetist
anesthesiologist
cardiologist
chiropodist
chiropractor
dentist
dermatologist
endocrinologist
general practitioner
gynecologist
hematologist
internist
neurologist
obstetritian
oncologist
opthalmologist
optometrist
orthodontist
orthopedist
otolaryngologist
pathologist
pediatrician
pharmacist
pharmacologist
plastic surgeon
podiatrist
psychiatrist
psychologist
radiologist
surgeon
therapist
urologist

Apéndice G ALGUNOS DE LOS ESPECIALISTAS

anestesia
anestesiólogo
cardiólogo
quiropedista
quiropráctico
dentista
dermatólogo
endocrinólogo
medicina general
ginecólogo
hematólogo
internista
neurólogo
obstetra
oncólogo
oftalmólogo
optometrista
ortodoncista
ortopedista
otorrinolaringólogo
patólogo
pediatra
farmacéutico
farmacólogo
cirujano plástico
podiatra
psiquiatra
psicólogo
radiólogo
cirujano
terapeuta
urólogo

Appendix H SOME DISEASES AND SYMPTOMS
Apéndice H ALGUNAS ENFERMEDADES Y SINTOMAS

apoplexy	la apoplejía
appendicitis	la apendicitis
arrhythmia	la aritmia cardíaca
asphyxsia	la asfixia
asthma	el asma
blister	la ampolla
blood poisoning	el envenenamiento de la sangre
bronchitis	la bronquitis
cancer	el cáncer
cataract	la catarata
chicken pox	la varicela
chills	los escalofríos
cold	el catarro
conjunctivitis	la conjuntivitis
constipation	la constipación
convulsions	las convulsiones
coryza	la coriza
cramp	el calambre
cyst	el quiste
diabetes	la diabetes
diarrhea	la diarrea
diphteria	la difteria
discomfort	el malestar
dizziness	los mareos
drug addiction	la narcomanía
encephalitis	la encefalitis
epilepsy	la epilepsia
eruption	la erupción
fainting spell	el desmayo
furuncle	el furúnculo

gall stones	los cálculos (piedras) en la vesícula
gastroenteritis	la gastroenteritis
german measles	la rubeola
gout	la gota
headache	el dolor de cabeza
heart attack	el ataque al corazón
heartburn	la acidez estomacal
hemorrhoids	las almorranas (hemorroides)
hemorrhage	la hemorragia
hepatitis	la hepatitis
hoarseness	la ronquera
hypertension	la hipertensión
hypocondria	la hipocondria
infarct	el infarto
inflammation	la inflamación
influenza (flu)	la influenza, gripe
insomnia	el insomnio
jaundice	la ictericia
kleptomania	la cleptomanía
laryngitis	la laringitis
leprosy	la lepra
leukemia	la leucemia
malaria	la malaria
malnutrition	la desnutrición
measles	el sarampión
meningitis	la meningitis
migraine	la migraña
mumps	las paperas
nausea	la náusea
nasal drip	el goteo nasal
nervousness	el nerviosismo

neurosis	la neurosis
paranoia	la paranoia
paralysis	la parálisis
phlebitis	la flebitis
photofobia	la fotofobia
pleurisy	la pleuresía
pneumonia	la pulmonía
polio	la poliomelitis
psychosis	la psicosis
rash	el salpullido
rheumatism	el reumatismo
scarlet fever	la fiebre escarlatina
schizophrenia	la esquizofrenia
sinusitis .	la sinusitis
smallpox	la viruela
sprained muscle	el músculo torcido
sore throat	el dolor de garganta
stomach ache	el dolor de estómago
swelling	la hinchazón
tachychardia	la taquicardia
tetanus	el tétano
tonsillitis	la amigdalitis (tonsilitis)
toothache	el dolor de muelas
tremors	los temblores
typhoid fever	la fiebre tifoidea
typhus	el tifus
ulcer	la úlcera
unconsciousness	la inconsciencia
urticaria	la urticaria
venereal disease	la enfermedad venérea
yellow fever	la fiebre amarilla
whooping cough	la tos ferina

Appendix I PARTS OF THE BODY
Apéndice I LAS PARTES DEL CUERPO

abdomen	el abdomen (vientre)
anus	el ano
ankle	el tobillo
arms	los brazos
arteries	las arterias
bladder	la vejiga
blood	la sangre
bones	huesos
brain	el cerebro
breast	los senos
buttocks	las nalgas
complexion	el cutis
cheek	la mejilla
cheek bone	el pómulo
chest	el pecho
chin	la barbilla
diaphragm	el diafragma
earlobe	el lóbulo
esophagus	el esófago
extremities	las extremidades
eyes	los ojos
eyelashes	las pestañas
eyebrows	las cejas
face	la cara
features	las facciones
finger	el dedo
forearm	el antebrazo
forehead	la frente
gall bladder	la vesícula
gums	las encías
hands	las manos
hair	el pelo

head	la cabeza
heart	el corazón
heel	el talón
hip	la cadera
index finger	el dedo índice
inner ears	los oídos
iris	el iris
jaw	la mandíbula (quijada)
kidney	el riñón
knee	la rodilla
leg	la pierna
liver	el hígado
little finger	el dedo meñique
lung	el pulmón
middle finger	el dedo del medio
mind	la mente
mouth	la boca
nails	las uñas
navel, belly button	el ombligo
neck	el cuello
nipple	el pezón
nose	la nariz
ovary	el ovario
outer ear	la oreja
pelvis	la pelvis
penis	el pene
pharinx	la faringe
prostate	la próstata
pulse	el pulso
rectum	el recto
ribs	las costillas

ring finger	el dedo anular
scrotum	el escroto
shoulder	el hombro
side	el costado
skeleton	el esqueleto
skin	la piel
spleen	el bazo
sole of foot	la planta del pie
temple	la sien
thigh	el muslo
throat	la garganta
thumb	el dedo pulgar
thyroid	la tiroide
tissue	el tejido
toenail	la uña del pie
toes	los dedos de los pies
tongue	la lengua
tonsil	la amígdala
trachea	la tráquea
trunk	el tronco
ureter	el uréter
urethra	la uretra
uterus (womb)	el útero (matriz)
uvula	la úvula (campanilla)
vagina	la vagina
veins	las venas
vertebral column	la columna vertebral
vocal cords	las cuerdas vocales
waist	la cintura
wrist	la muñeca
womb	el útero (matriz)

Bibliography

Bongiovanni, Gail. *Medical Spanish.* New York: McGraw-Hill, Inc., 1978.

Carbajo, Antonio. *Spanish for Doctors, Dentists, Oculists, Optometrists, and Nurses.* 3rd ed. Miami Springs, Florida: Language Research Press, 1963.

Dade County Public Schools. *ISSE: Health Services.* Parts I and II. Florida: Department of State, 1976.

Hirschhorn, Howard. *Medical Guide* (Guía Médica). New York: Simon & Schuster, Inc., 1968.

Kelz, Rochelle K. *Conversational Spanish for Medical Personnel.* New York: John Wiley & Sons, Inc., 1977.

Sacks Da Silva, Zenia. *Beginning Spanish: A Concept Approach.* 3rd ed. New York: Harper & Row, 1973.

Tabery, Julia Jordan: Webb, Marion R.; and Mueller, Beatriz Vásquez. *Communicating in Spanish for Medical Personnel.* Boston, Massachusetts: Little, Brown, and Co., 1975.

INDEX

INDICE